KB096616

# 자기계발코칭전문가
# 6단계 시스템

**1단계**
**방탄자존감**

**2단계**
**방탄멘탈**

**3단계**
**방탄습관**

**4단계**
**방탄행복**

**5단계**
**방탄자기계발**

**6단계**
**방탄코칭**

# 자기계발코칭전문가 5
## (방탄자기계발)

1명의 명품 인재가  10만 명을 먹여 살리고
4차 산업 시대에는 명품 인재인
방탄자기계발 전문가 1명이
10만 명의 인생을 변화 시킨다!


## 방탄자기계발 신조

들어라 하지 말고 듣게 하자.
누구처럼 살지 말고 나답게 살자.
좋아하게 하지 말고 좋아지게 하자.
마음을 얻으려 하지 말고 마음을 열게 하자.
믿으라 말하지 말고 믿을 수 있는 사람이 되자.
좋은 사람을 기다리지 말고 좋은 사람이 되어주자.
보여주는(인기) 인생을 사는 것이 아닌 보여지는(인정)
인생을 살아가자.
나 이런 사람이야 말하지 않아도 이런 사람이구나.
몸, 머리, 마음으로 느끼게 하자.
－ 최보규 방탄자기계발 창시자 －

# 만나서 반갑습니다!

가슴이 설레는 만남이 아니어도 좋습니다.
가슴이 떨리는 운명적인
만남이 아니어도 좋습니다.

만남 자체가 소중하니까요!
고맙습니다!
감사합니다!
사랑합니다!

가슴이 설레는
만남이 아니어도 좋습니다.

가슴이 떨리는
운명적인 만남이 아니어도 좋습니다.

만남 자체가 소중하니까요.

직접 만나는 것도 만남이고
책을 통해서 만나는 것도 만남입니다.

최보규 방탄자기계발 전문가의 만남으로
"당신은 제가 좋은 사람이 되고 싶도록 만들어요."
라는 인생을 살 것입니다.

좋은 일이 생길 겁니다.

# 방탄자기계발 소개

방탄자기계발은 노오력 자기계발이 아닌 올바른 노력 자기계발을 하는 것입니다.

20,000명 상담, 코칭! 자기계발서 12권 출간! 자기계발 습관 204가지 만들고 직접 자기계발을 하면서 알게 된 자기계발의 비밀!

지금 대부분 사람들의 자기계발 환경이 어떤지 아십니까?

하루에도 자기계발, 동기부여 연관된 영상, 글, 책, 사진들 수도 없이 엄청나게 많이 보는데 10년 전보다 스마트폰 없는 시대보다 1,000배는 더 좋은 환경인데도 스마트폰 시대 10년 전보다 더 자기계발, 동기부여를 더 못하는 현실입니다.

10년 전 스마트폰 없던 시대보다 자기계발을 더 못하는 이유가 뭘까요?

단언컨대 자기계발 본질을 모르고 하기 때문입니다.

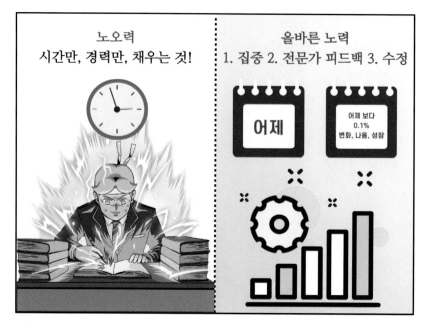

어떤 것이든 본질을 알아야만 노오력이 아니라 올바른 노력을 할 수 있습니다.

노력은 경험만 채우고 시간만 때우는 노력입니다.
지금 시대는 노력이 배신하는 시대입니다.

올바른 노력은 어제보다 0.1% 다르게, 변화, 마음, 성장 하는 것입니다.

| 인생의 본질 | |
|---|---|
| | 헬스, 운동 본질 |
| | 직장, 일 본질 |
| | 연애, 사랑 본질 |
| | 인간관계 본질 |
| | 자기계발 본질 |

인생의 모든 본질은 정답이 없지만 기본을 지키지 않으면 결과가 나오지 않습니다.

운동의 본질은 헬스, 운동의 기본기를 배우지 않는 사람이 좋은 헬스장으로 옮긴다고 헬스, 운동 습관이 만들어지는 것이 아닙니다.

직장의 본질은 월급 날짜만 기다리는 사람이 직장을 바꾼다고 일에 대한 의욕이 생기지 않습니다.

사랑의 본질은 평상시에 사랑 받을 행동을 안 하는 사

람은 사랑하는 사람이 생겨도 사랑 받을 수가 없습니다.

인간관계의 본질은 내가 좋은 사람이 되기 위해 학습, 연습, 훈련을 안 하는 사람은 좋은 사람이 생겨도 금방 떠나갑니다.

자기계발의 본질인 방탄자존감, 방탄멘탈, 방탄행복, 방탄습관, 방탄자기계발 모르는 사람은 자기계발 책 200권 자기계발과 연관된 영상, 글, 책, 사진 등 1,000개를 보더라도 자기계발을 시작을 못합니다.

방탄자기계발 본질 학습, 연습, 훈련을 통해 나다운 인생을 살 수 있게 방향을 잡아주고 자신 분야 삼성(진정성, 전문성, 신뢰성)을 높여 줄 것입니다. 더 나아가 자신 분야 제2의 수입, 제3의 수입을 올릴 수 있는 연결고리를 만들어 줄 것입니다.

기회를 기다리는 자기계발
기회를 만들어 가는 방탄자기계발
때를 기다리는 자기계발
때를 만들어 가는 방탄자기계발
- 최보규 방탄자기계발 전문가 -

# 목차

## 5장 방탄자기계발

# 명품자기계발 조건

14

# 명품 자기계발의 조건!

1. 단 하나 (only one )
   방탄자기계발 코칭은 오직 최보규 창시자만 가능하다.
2. 책임감 (150년 a/s, 관리, 피드백)
3. 체계적인 1:1 맞춤 시스템 (9단계 시스템)
4. 20,000명 상담, 코칭 (상담 전문가)
5. 삼성이 검증된 전문가(진정성, 전문성, 신뢰성)
   자기계발 책 12권 출간

| Google 자기계발아마존 | ▶ YouTube 방탄자기계발 | NAVER 방탄자기계발사관학교 | NAVER 최보규 |

20,000명 상담, 코칭으로 알게 된
나다운 인생길 네비게이션!

예측운전

자신

방어운전

방탄자존감    방탄멘탈    방탄습관    방탄행복

자신 분야를 자동차 4개의 바퀴로 비유하자면 방탄자존감, 방탄멘탈, 방탄습관, 방탄행복이고 핸들은 (이루고 싶은 것) 방탄자기계발이다! 방탄자존감, 방탄멘탈, 방탄습관, 방탄행복을 통해 자신 분야 삼성(진정성, 전문성, 신뢰성)을 올려서 제2수입, 제3수입, 월세, 연금성 수입을 발생 시켜 온라인 건물주로 만들어 주는 것이 방탄자기계발이다.

방탄자기계발

4차 산업 시대는 방탄자기계발이다!

# 꽃, 열매는(자신, 자신 분야)
## 화려하고 보기 좋았는데
### 뿌리가(자신, 자신 분야) 썩어 죽어가고 있다?

가장 중요한 뿌리(방탄자존감, 방탄멘탈, 방탄습관, 방탄행복)를 학습, 연습, 훈련을 하지 않으면 자신, 자신 분야 삼성(진정성, 전문성, 신뢰성)을 올려 제2수입, 3수입을 만들어 주는 방탄자기계발이라는 꽃, 열매는 얻을 수 없다!

# 방탄 자기계발

## 삼성이 검증된 방탄자기계발전문가

## 자신 분야
## 삼성(진정성, 전문성, 신뢰성)
### 제2, 3수입을 올려 온라인 건물주 되자!

# 80%는 교육으로 만들어진다? 300% 틀렸습니다!

# 세계 최초! 방탄자기계발
# 효율적인 교육 시스템!

## 교육
## = 20%

**1단계**

## 스스로
## 학습, 연습, 훈련
## = 30%

**2단계**

검증된 전문가
a/s,관리,피드백
# = 50%
150년
a/s,관리,피드백

**3단계**

# 20,000명 상담, 코칭을 하면서 알게 된 2:3:5공식!

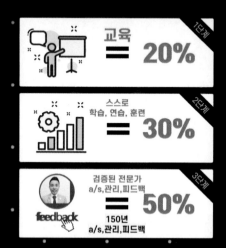

평균적으로 학습자들은 교육만 받으면 80% 효과를 보고 동기부여가 되어 행동으로 나올 것이라고 착각을 합니다.

그러다 보니 교육을 받는 동안 생각만큼, 돈을 지불한 만큼 자신의 기준에 미치지 못하면 효과를 보지 못한 거라고 지레짐작으로 스스로가 한계를 만들어 버립니다. 그래서 행동으로 옮기지 못하는 것이 상황과 교육자가 아닌 자기 자신이라는 것을 모릅니다.

20,000명 상담. 코칭, 자기계발서 12권 출간, 자기계발 습관 204가지 만듦, 시행착오, 대가 지불, 인고의 시간을 통해 가장 효율적이며 효과적인 교육 시스템은 2:3:5라는 것을 알게 되었습니다.

교육 듣는 것은 20% 밖에 되지 않습니다. 교육을 듣고 스스로가 생활 속에서 배웠던 것을 토대로 30% 학습, 연습, 훈련을 해야 합니다.

가장 중요한 50%는 학습, 연습, 훈련한 것을 검증된 전문가에게 꾸준히 a/s, 관리, 피드백을 받아야만 2:3:7공식 효과를 볼 수 있습니다.

자기계발코칭전문가
내공, 가치, 값어치

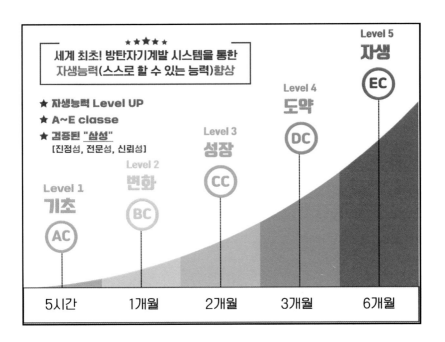

★ ★ ★ ★
세계 최초! 방탄자기계발 시스템을 통한
자생능력(스스로 할 수 있는 능력)향상

★ 자생능력 Level UP
★ A~E classe
★ 검증된 "삼성"
[진정성, 전문성, 신뢰성]

Level 1
기초
AC

Level 2
변화
BC

Level 3
성장
CC

Level 4
도약
DC

Level 5
자생
EC

5시간    1개월    2개월    3개월    6개월

---

★ ★ ★ ★
# 검증된 전문가 교육시스템
회원제를 통한 무한반복 학습, 연습, 훈련
오프라인 전문상담사가 검진 후 특별맞춤 학습, 연습, 훈련

### 검증된 강사코칭 전문가
세계 최초 강사 백과사전
강사 사용설명서를 만든 전문가!
150년 A/S, 관리해주는 책임감!

### 검증된 책 쓰기 전문가 12권
나다운 강사1, 나다운 강사2
나다운 방탄멘탈, 행복히어로
나다운 방탄습관블록
나다운 방탄 카피 사전
나다운 방탄자존감 명언 I
나다운 방탄자존감 명언 II
방탄자기계발 사관학교 I
방탄자기계발 사관학교 II
방탄자기계발 사관학교 III
방탄자기계발 사관학교 IV

### 검증된 자기계발 전문가
방탄행복 창시자!
방탄멘탈 창시자!
방탄습관 창시자!
방탄자존감 창시자!
방탄자기계발 창시자!
방탄강사 창시자!

### 검증된 상담 전문가
20,000명 상담, 코칭!
혼자 독학하기 힘든 행복, 멘탈, 습관
자존감, 자기계발, 강의, 강사
1:1 케어까지 해주며 행복 주치의가
되어주는 전문가!

카페에 피카소가 앉아 있었습니다. 한 손님이 다가와 종이 냅킨 위에 그림을 그려 달라고 부탁했습니다. 피카소는 상냥하게 고개를 끄덕이곤 빠르게 스케치를 끝냈습니다. 냅킨을 건네며 1억 원을 요구했습니다.

손님이 깜짝 놀라며 말했습니다. 어떻게 그런 거액을 요구할 수 있나요? 그림을 그리는데 1분밖에 걸리지 않았잖아요. 이에 피카소가 답했습니다.

아니요. 40년이 걸렸습니다. 냅킨의 그림에는 피카소가 40여 년 동안 쌓아온 노력, 고통, 열정, 명성이 담겨 있었습니다.

피카소는 자신이 평생을 바쳐서 해온 일의 가치를 스스로 낮게 평가하지 않았습니다.

– 출처: <확신> 롭 무어, 다산북스, 2021 –

# 자기계발코칭전문가
## 커리큘럼

# 자신의 무한한 가능성을
## 방탄자기계발사관학교에서 시작하세요!
### 150년 a/s, 관리, 피드백 함께하겠습니다!

# 커리큘럼

Google 자기계발아마존

| 클래스명 | 내용 | 2급(온라인) | 1급(온,오) |
|---|---|---|---|
| 방탄자존감 | 나답게 살자!<br>원리 학습, 연습, 훈련 | 1강, 2강 | 5시간 |
| 방탄멘탈 | 멘탈 보호막<br>원리 학습, 연습, 훈련 | 3강, 4강 | 5시간 |
| 방탄습관 | 습관 보호막<br>원리 학습, 연습, 훈련 | 5강, 6강 | 5시간 |
| 방탄행복 | 나다운 행복 만들기<br>원리 학습, 연습, 훈련 | 7강, 8강 | 5시간 |
| 방탄자기계발 | 지금처럼이 아닌 지금부터 살자!<br>원리, 학습, 연습, 훈련 | 9강, 10강 | 5시간 |
| 방탄코칭 | 코칭전문가 10계명<br>(품위유지의무) | 11강 | 5시간 |

## "국가등록 민간자격"

★ 자격증명 : 자기계발코칭전문가 2급, 1급
★ 등록번호 : 2021-005595
★ 주무부처 : 교육부
★ 자격증 종류 : 모바일 자격증

# 교재
## (선택사항 / 별도 구매)

| | | |
|---|---|---|
| **NAVER** 방탄카피사전 | **NAVER** 방탄자존감명언 | **NAVER** 방탄멘탈 |
| **NAVER** 방탄습관 | **NAVER** 행복히어로 | **NAVER** 최보규 |

방탄자존감1

방탄자존감2

방탄자존감3

방탄멘탈

방탄습관

방탄행복

# 자기계발코칭전문가
## 필시/실기

# 자기계발코칭전문가2급
## 필기/실기

자기계발코칭전문가2급 필기시험/실기시험

#. 자격증 검증비, 발급비 50,000원 발생
(입금 확인 후 시험 응시 가능)

▶ 1강~10강(객관식):(10문제 = 6문제 합격)

▶ 11강(주관식):(10문제 = 6문제 합격)

▶ 시험 응시자 문자, 메일 제목에 자기계발코칭전문
가2급 시험 응시합니다.
최보규 010-6578-8295 / nice5889@naver.com

▶ 네이버 폼으로 문제를 보내주면 1주일 안에 제출!
합격 여부 1주일 안에 메일, 문자로 통보!
100점 만점에 60점 안되면 다시 제출!

# 자기계발코칭전문가1급
# 필기/실기

자기계발코칭전문가1급 필기시험/실기시험

자기계발코칭전문가2급 취득 후 온라인(줌)1:1, 오프라인1:1 선택 후 5개 분야 중 하나 선택(방탄자존감, 방탄멘탈, 방탄습관, 방탄행복, 방탄자기계발=9가지) 한 분야 5시간 집중 코칭 후 2급과 동일하게 필기시험, 실기시험(코칭 비용 상담)

자신의 무한한 가능성을

방탄자기계발사관학교에서 시작하세요!
150년 a/s,관리,피드백 함께하겠습니다!

# 5장 방탄자기계발

Google 자기계발아마존

# 자기계발코칭전문가
# 9강
# 지금처럼이 아닌
# 지금부터 살자! 원리

생일을 축하하지 않는 부족

가로 4000km, 세로 3200km, 총면적768만㎢ 드넓은 호주 대륙을 걸어서 횡단하는 원주민이 있다. 그 어떤 음식도 물건도 없이 빈손으로 출발해 자연에서 모든 것을 얻어 생활하는 오스틀로이드 부족(그들은 스스로를 참사람 부족이라고 부른다) 그리고 그들에게는 남다른 풍습이 하나 있다.

바로, 생일을 기념하지 않는 것. 한 백인 의사가 그들과 함께 호주를 횡단하며 생일 파티에 대한 얘기를 들려주었을 때 그들은 고개를 갸웃거렸다. 생일을 왜 축하하는 거죠? 축하는 특별한 일이 있을 때 하는 것 아닌가요? 의사는 대답했다.

한 생명이 태어났다는 사실은 축복 받을 만한 일이니까요!

음, 탄생의 순간은 분명히 특별하죠. 그런데, 나이를 먹는 것도 특별한 일일까요? 나이를 먹는데는 아무런 노력도 필요하지 않잖아요. 그건 그냥, 저절로 되는 거죠. 의사는 자신도 모르게 고개를 끄덕였다. 나이가 들어가며 점점 더해지는 의무감에 마음이 무거워졌던 기억도 떠올랐다. 잠시 고민하던 의사는 그들에게 되물었다.

그럼 당신들은 무엇을 축하하나요? 그들은 입 끝에 옅은 미소를 지으며 대답했다. 우리는 나아짐을 축하합니다. 어제보다 오늘 더 작년보다 올해 더 성장했을 때, 우리는 그걸 축하합니다. 생일이라는 건 1년이 지나면 저절로 돌아오지만 한 사람의 성장에는 단순한 시간 이상의 노력이 필요한 거니까요.

작은 변화조차도 저절로 되는게 아니죠. 그래서 우리는 생일이 아니라 성장을 축하합니다. 크고 작음은 상관없습니다.

작은 변화라고, 작은 한 걸음이라도 상관없으니 여러분

도 생일 말고 성장을 축하해보세요. 고민 끝에 드디어 하고 싶은 일을 찾았다고 말하는 친구의 새로운 한 걸음을 축하하고 처음으로 혼자 심부름을 다녀온 막내의 용감한 한 걸음을 축하해보는 거죠. 작은 한 걸음이더라도, 그 성장을 함께 축하해본다면 매일 매일을 생일처럼 보낼 수 있지 않을까요?

<참사람, 오스틀로이드 부족의 이야기>
유튜브 <열정의기름붓기>

사람들이 자기계발 하는 이유는 각자 다르지만 대부분 자기계발의 목적인 결과, 성공, 인정에 너무 집착하다 보니 꾸준히 못하는 경우가 많습니다.

세상, 현실, 주의 사람들의 기준, 시선에 너무 의식한 자기계발이 아닌 사소한 것이라도 어제보다 0.1% 나아짐, 변화, 성장이 방탄자기계발입니다.

이제는 자기계발도 자신의 만족으로만 끝나면 안 됩니다. 빠르게 변하는 시대, 흐름에 맞게 자신 분야+자기계발+삼성(진정성, 전문성, 신뢰성)+돈 연결(월세, 연금

성 수입)+성장+변화+사람들에게 도움+함께 잘 살자가
융합이 될 수 있는 자기계발인 방탄자기계발을 해야합
니다.

이제는 단순하게 1차원적으로 자기계발을 자기만족으로
끝나면 안 됩니다. 빠르게 변하는 세상 속에서 더 힘들
어지는 상황 속에서 자신, 자신분야 성장을 넘어서 제2
수입, 제3수입까지 연결시킬 수 있는 자기계발
인 방탄자기계발을 해야 합니다.

# 취미, 자신 만족으로 끝나는
# 일반 자기계발이 아닌 자신 분야를
# 무한으로 연결시킬 수 있는 방탄자기계발!

Google 자기계발아마존　　▶YouTube 방탄자기계발　　NAVER 방탄자기계발사관학교　　NAVER 최보규

2019 강의 분야　2019 강사 분야　2019 유튜버 시작　2020 멘탈 분야　2020 비대면 코칭

2021 행복 분야　2021 재능마켓　2021 습관 분야　2021 습관 코칭　2021 자존감 분야

2021 자존감 코칭　2021 자존감 분야　2021 자존감 분야　2021 자존감시스템　2021 홈페이지제작

2021 디지털콘텐츠　2021 자기계발 분야　2021 자기계발 분야　2021 자기계발 분야　2021 자기계발 분야

2022 코칭분야　2022 코칭분야　2022 코칭분야　2022 코칭분야　2022 코칭분야　2022 코칭분야

20,000명을 상담, 코칭 하면서 알게 된 자기계발의 비밀!

우리는 지금 어떤 시대에 살고 있습니까? 포노 사피엔스 시대!(스마트폰 시대) 4차 산업 시대! AI 시대! 5G ~ 10G! 메타버스 시대! 클릭 한두 번 이면 세상 모든 정보들을 습득할 수 있고 볼 수 있는 환경에 살고 있습니다.

하루 만에도 자기계발, 동기부여 (책, 메시지, 정보, 설명, 사진, 글, 가짜 정보 등) 홍수 속에 살고 있습니다.
하지만 아이러니하게도 홍수가 나면 물은 많지만 식수

(먹는 물)가 더 부족하듯 10년 전보다 스마트폰 없는 시대보다 자기계발, 동기부여를 더 하지 못합니다. 아이러니하죠!

20,000명을 상담, 코칭 하면서 알게 된 것은 자기계발, 동기부여 내용들이 너무 많아 혼동이 되어 자신에게 맞는 것을 찾기가 힘들어서 시작조차 못하는 사람들이 대부분입니다.

자기계발를 해보기 위해 이것저것 많이 해보지만 시간, 돈만 낭비합니다. 그래도 이건 다르겠지 하면서 계속 반복을 합니다.

나에게 맞는 자기계발, 동기부여를 찾기 위해 한두 가지 알고 있는 자기계발, 동기부여 내용으로 시작을 해서 개선해 나가야 되는 것인데 자기계발, 동기부여 내용들이 속된 말로 물 반, 고기 반이다 보니, 차고 넘치다 보니 귀한 것들이 하찮게 되어버렸습니다. 시간이 가면 갈수록 자기계발, 동기부여가 더 힘들어지는 것입니다.

20,000명 상담, 코칭 하면서 알게 된 가장 효과적인 자기계발, 동기부여는 자생능력이 생길 때까지 검증된 전

문가에게 꾸준하게 a/s, 관리, 피드백을 받아야 되는 것입니다.

닥치는 대로 영상을 엄청 나게 보고 책만 읽고 양만 많으면 안 됩니다. 당연히 양질전환의 법칙을 생각하면 양이 많아야 되는 건 맞습니다. 하지만 일반적인 노력이 아닌 올바른 노력을 해야 됩니다.

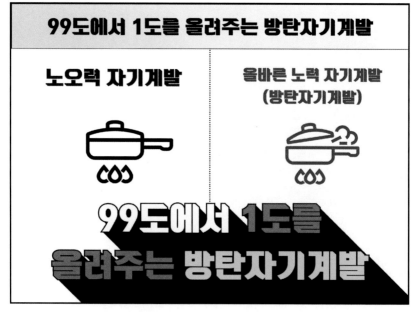

노오력이란? 시간, 경험, 횟수만 채우는 것입니다. 경력은 스펙이 아니라고 계속 언급을 했습니다. 어느 정도 수준에서는 더 이상 올라가지 않습니다. 99도 까지는 물이 절대 끓지 않듯이 마지막 99도에서 100도까지 1도를 올리려면 올바른 노력이 있어야 합니다.

올바른 노력이란?
올바른 노력은 1단계 집중, 2단계 전문가의 피드백, 3단계 수정의 세 단계를 반복적으로 결과가 나올 때까지 꾸준하게 하는 것입니다.

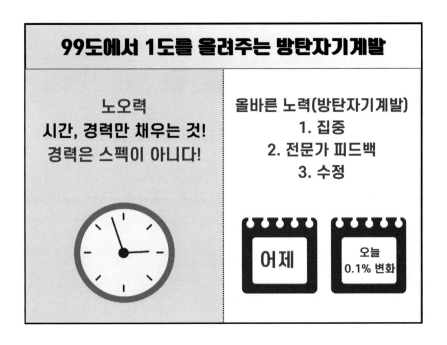

## 99도에서 1도를 올려주는 방탄자기계발

올노(올바른 노력 = 올노+전문가 피드백+ 수정, 올노)

| 1단계: 적응될 때까지!<br>익숙해질 때까지! | 2단계: 올노했던 방법<br>전문가에게 점검받기! | 3단계: 수정한 것으로<br>다시 올노! |

**1단계+2단계+3단계 = 반복(결과 나올 때까지)**

하지만 현실은 어떻습니까? 돈, 시간 투자한 만큼 본전은 뽑아야 되는데 대한민국에 있는 자기계발 교육 대부분이 자신의 자기계발교육을 듣게 하려고 간, 쓸개 다 빼준다고 하면서 현혹을 시킵니다. 교육을 듣고 나면 알아서 하라는 식으로 방치하는 자기계발 문화가 되어버렸습니다. 교육 전과 후과 580도 다르게 운영하는 교육기관들이 많습니다. 한마디로 검증 안 된 자기계발전문가들이 많다는 것입니다.

20,000명 상담, 코칭을 해보면 자기계발, 동기부여 교육

을 들었던 사람들이 늘 하는 말이 있습니다.

"처음에는 간, 쓸개 다 빼주는 말로 다 해준다고 하면서 교육 끝나면 나 몰라 하고 교육 자료도 중요한 것은 빼고 주며 자료를 보다가 궁금한 부분이 생겨 물어보려고 전화하면 받지도 않고 연락도 주지 않습니다."

돈 낭비, 시간 낭비를 줄이기 위해서는 자기계발 개념을

먼저 알아야합니다.

자기계발 교육의 개념이란? 어떤 교육이든 교육은 20%
밖에 차지 안합니다. 70% ~ 80% 차지하는 게 아닙니
다. 대부분 착각하는 게 70% ~ 80% 교육 효과를 바랍
니다. 교육 듣고 나서 자신의 학습, 연습, 훈련이 30%라
는 것입니다. 나머지 50%는 검증된 전문가에게 피드백,
관리를 받아야지만 노오력이 아닌 올바른 노력이 나오
는 것입니다.

방탄자기계발 본질은 교육 20%, 자신의 학습, 연습, 훈
련 30%, 검증된 전문가의 a/s, 관리, 피드백 50%를 통
해 어제보다 0.1% 변화, 성장, 나음, 좀 더 좋은 방법,
좀 더 다른 방법, 개선 방법으로 "함께 하자"입니다.

# 80%는 교육으로 만들어진다? 300% 틀렸습니다!

## 세계 최초! 방탄자기계발 효율적인 교육 시스템!

교육
= **20%**

1단계

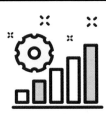

스스로
학습, 연습, 훈련
= **30%**

2단계

feedback

검증된 전문가
a/s,관리,피드백
= **50%**

150년
a/s,관리,피드백

3단계

# 20,000명 상담, 코칭을 하면서 알게 된 2:3:5공식!

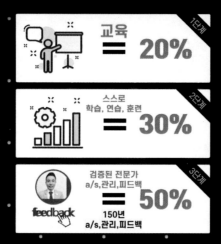

평균적으로 학습자들은 교육만 받으면 80% 효과를 보고 동기부여가 되어 행동으로 나올 것이라고 착각을 합니다.
그러다 보니 교육을 받는 동안 생각만큼, 돈을 지불한 만큼 자신의 기준에 미치지 못하면 효과를 보지 못한 거라고 지레짐작으로 스스로가 한계를 만들어 버립니다. 그래서 행동으로 옮기지 못하는 것이 상황과 교육자가 아닌 자기 자신이라는 것을 모릅니다.

20,000명 상담. 코칭, 자기계발서 12권 출간, 자기계발 습관 204가지 만듦, 시행착오, 대가 지불, 인고의 시간을 통해 가장 효율적이며 효과적인 교육 시스템은 2:3:5라는 것을 알게 되었습니다.

교육 듣는 것은 20% 밖에 되지 않습니다. 교육을 듣고 스스로가 생활 속에서 배웠던 것을 토대로 30% 학습, 연습, 훈련을 해야 합니다.
가장 중요한 50%는 학습, 연습, 훈련한 것을 검증된 전문가에게 꾸준히 a/s, 관리, 피드백을 받아야만 2:3:7공식 효과를 볼 수 있습니다.

집을 짓는데 가장 중요한 게 기둥입니다. 나다운 자기계발에 집을 짓는데 9개의 기둥이 중요합니다.
방탄자기계발의 9가지 기둥인 자존감, 행복, 멘탈, 습관, 사랑, 웃음, 강사, 책쓰기, 유튜버입니다.

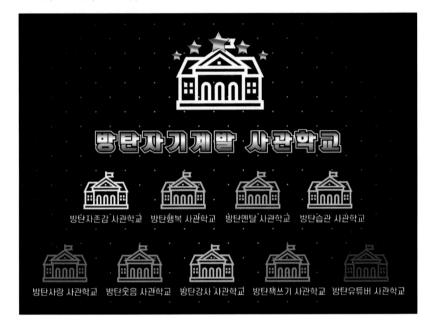

자존감, 행복, 멘탈, 습관, 사랑, 웃음은 사람이 살아가는데 없으면 안 되는 가장 기본적인 자기계발입니다.

강사 자기계발, 책쓰기 자기계발, 유튜버 자기계발은 비대면시대에 자신분야 무인시스템으로 연결시켜 온라인 건물주, 몸 값어치, 수입을 5G 속도로 올려 줄수 있는 천재일우입니다. (천재일우: 천 년에 한 번 만난다는 뜻으로 좀처럼 만나기 어려운 기회를 이르는 말이다.)

자기계발도 시스템 안에서 해야지만 자생능력이 생겨서 오래 지속할 수 있습니다.

이제는 자기계발도 즐겁게, 쉽게, 함께 방탄자기계발사관학교에서 교육, 코칭, 학습, 연습, 훈련 받고 150년 a/s, 관리, 피드백 받고 함께 합시다!

4차 산업시대는 4차 자기계발인 방탄자기계발로 업데이트! 방탄자기계발 학습, 연습, 훈련으로 인생을 다시 갱생합시다!

#. 갱생: 마음이나 생활 태도를 바로잡아 본디의 옳은 생활로 되돌아가거나 발전된 생활로 나아감

# 4차 산업시대는
# 4차 자기계발인 방탄자기계발!

4차 산업시대는
정년퇴직 51세! 헉!
준비하지 않으면 큰일 납니다!

자신 분야 경력을 방탄자
기계발과 융합시켜 온라인
건물주 되자!

## 온, 오프라인
## 방탄자기계발

| Google 자기계발아마존 | ▶YouTube 방탄자기계발 | NAVER 방탄자기계발사관학교 | NAVER 최보규 |

# 자신 분야 제2수입, 제3수입을 연결시켜주는
# 온, 오프라인 자기계발코칭전문가 자격증!

자신의 무한한 가능성을

방탄자기계발사관학교에서 시작하세요!

150년 a/s,관리,피드백 함께하겠습니다!

# 5장 방탄자기계발

Google 자기계발아마존

## 자기계발코칭전문가

# 10강

지금처럼이 아닌

지금부터 살자! 학습, 연습, 훈련

# 죽을 때까지 3가지? 빼고는
## 모든 것을 학습, 연습, 훈련해야 합니다!

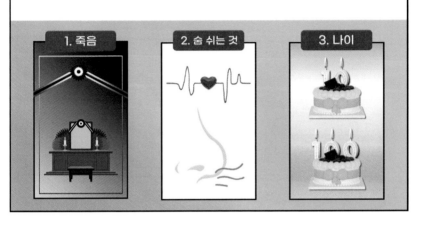

1. 죽음
2. 숨 쉬는 것
3. 나이

학습, 연습, 훈련 **반복!**
자생능력
**(혼자서 할 수 있는 능력)**

# 양질전환 법칙!

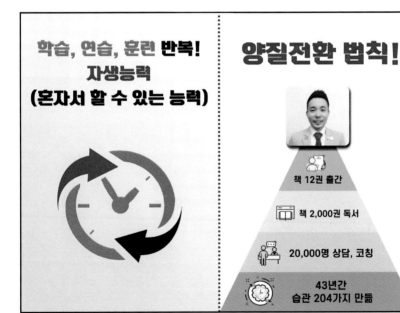

책 12권 출간

책 2,000권 독서

20,000명 상담, 코칭

43년간
습관 204가지 만듦

― 상담스토리

최보규 자기계발 전문가님! 저는 자기계발 책 200권 이상을 보고 유튜브 동기부여, 자기계발 영상 300개 이상 봤습니다. 시중에 있는 유료 자기계발 교육 영상들 많이 봤습니다. 볼 때만 느낀 만큼 실천 동기부여가 안 돼서 시간, 돈 낭비한 거 같고 언제까지 해야 되는지 답답하기만 하고 후회스럽습니다. 왜 나아짐이 없는지 이유를 알고 싶고 어떻게 하면 느낌만큼 0.1%? 하나라도 실천할 수 있는 방법은 없는지요?

어떻게 하면 느낀 만큼 행동으로 옮길 수 있을까요?

20,000명 상담, 코칭 하면서 알게 된 것은 대부분 사람들이 늘 그 때 뿐이고 실천 동기부여가 안되서 돈, 시간 낭비를 하고 있는 현실입니다.

10개를 느꼈다면 하나라도 실천을 해야 되는데 왜 왜 왜 실천 동기부여가 안 될까요? 어떻게 하면 자기계발 실천을 잘 할 수 있을까요? 필자도 자기계발 전문가가 되기 전까지는 늘 그 때뿐인 자기계발을 했었습니다.

"어떻게 하면 할 수 있을까?" 라는 태도로 44년간 자기계발 습관 204가지! 20,000명 상담, 코칭! 자기계발책 2,000권 독서! 자기계발 책 12권 출간으로 알게 된 자기계발, 동기부여 비밀 세계 최초 오픈합니다,

상담 스토리에서 자기계발 책 200권, 유튜브 자기계발, 동기부여 영상 300개 이상, 시중에 있는 유료 자기계발 교육 영상도 많이 봤는데도 실천 동기부여가 안 된다고 했습니다.

안 되는 이유는 단언컨대 녹화 방송이라서 안 되는 것 입니다.
녹화 방송? 사람의 심리, 본능은 직접 만나서 오감을 느 낄 수 있는 생방송일 때 세상에서 가장 강력한 자기계 발, 동기부여가 되어 행동으로 나온다는 것입니다.
과학적으로 검증된 데이터로 말하겠습니다.
기본적인 사람의 심리는 데이터로(정보만) 말했을 때 데이터로(정보만) 들었을 때, 데이터로(정보만) 봤을 때 는 뇌의 2개의 영역만 활성화 됩니다.

데이터가 아닌 스토리로 보고, 스토리로 듣고, 스토리로 말하고, 스토리로 경험을 하면 뇌의 7개의 영역이 활성 화 되어 행동을 더하게 만들고 실천을 더하게 만듭니다 .

뇌의 7개의 영역이 활성화된다는 말은 한 마디도 오감을 자극 하는 것입니다. 오감을 자극하는 것일수록 스스로 "움직여야 겠다. 실천해야 겠다." 동기부여를 강력하게 만든다는 것입니다.

평균적으로 사람들이 실천 동기부여가 약한 또 다른 이유는 아무런 시행착오, 대가 지불, 인고의 시간 없이 느끼는 것들이기 때문에 실천, 행동이 안 나오는 건 당연한 겁니다.

시행착오, 대가 지불, 인고의 시간이 들어가야 뇌의 7개

영역을 자극하고 오감을 느끼게 하여 실천 동기부여가
잘 되는 것입니다.
시행착오, 대가 지불, 인고의 시간이 없는 동기부여가
뭘까요? 피부로 확! 와 닿게! 해주겠습니다.

자기계발을 못 하는 사람들, 동기부여를 못 하는 사람들
90% 특징 중 하나는 집에 가만히 앉아서 최대한 편한
자세로, 최대한 편한 츄리닝으로 갈아 입은 상태에서,
맥주 한잔 먹으면서, 차 마시면서 아무런 긴장감이 없는
상황 속에서 영상을 보니 실천 동기부여, 행동이 안나오
는 건 당연한 것입니다. 안되는 방법을 하고 있으니 행
동이 안나 오는 게 당연한 겁니다.

"아~ 실천해야 되니까 지금 필사하자. 지금 메모 해 놔야겠다!" 이런 사람 몇 명이나 될까요? "영상, 글, 메시지, 이미지 감동 받았어! 너무 좋다! 이거 저장해 두어야겠다!" 이런 사람 몇 명이나 될까요?

순간 감동 받았어, 느낌 좋았어! 땡 끝? 1초 느끼고 다 쓰레기가 되어버립니다.

실천, 행동이 안 나오는 습관을 하고 있는데 자기계발 책 몇 천권, 자기계발 영상을 몇 만개를 보더라도 실천, 행동이 나오지 않는 게 당연하다는 겁니다.

자기계발, 동기부여 실천, 행동이 나올 수 있는 습관을 만들어야 합니다. 자기계발, 동기부여할 수 밖에 없는 환경을 만들어야 합니다.

자기계발, 동기부여 실천, 행동할 수 있는 환경이 되더라도 실천이 될까 말까인데 전혀 긴장감 없는 방구석에서 핸드폰만 클릭! 클릭! 클릭! 영상, 이미지, 메시지, 책만 보는데 행동이 나오겠습니까?

책 한 권 가격은 평균적으로 15,000원입니다. 유튜브 자기계발 영상, SNS 자기계발, 동기부여 영상들은 스마트폰 데이터만 어느정도 소요되지 돈이 엄청나게 투자되는 게 아닙니다. 이런 것은 대가 지불이 아닙니다.

시행착오, 대가 지불, 인고의 시간이 무조건 들어가야만 자기계발 실천 동기부여가 잘 되는 건 아닙니다.
하지만 단언컨대 자기계발 실천 동기부여를 잘하는 사람들은 시행착오, 대가 지불, 인고의 시간을 무조건 거친다는 것입니다.

앞에서 말했던 것을 간단히 정리하면 자기계발 실천 동기부여를 잘하려면 녹화 방송이 아닌 뇌 7개 영역을 활성화 시키는 오감을 자극 시키는 검증된 자기계발 전문가를 직접 만나서 학습, 연습, 훈련을 해야지만이 실천 동기부여가 잘 됩니다. 오감을 더 자극 시키는 게 1:1코칭입니다.

그래서 자기계발 실천 동기부여를 잘 하려고 하는 사람들은 1:1코칭을 받기 위해서 교육적인 비용을 많이 투자하는 것입니다.

자기계발 잘하는 사람들의 교육, 영상을 듣고 싶다면 저 사람이 자기계발을 잘 하는지 못 하는지 어떻게 알까요? 그래서 자기계발 잘하는 사람의 기준, 자기계발 잘하는 사람을 찾는 방법을 오픈 하겠습니다.

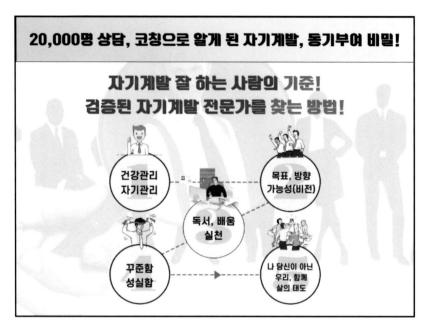

자기계발 잘 하는 사람의 기준

첫 번째, 자기 관리, 건강관리를 잘하는 사람.

모든 시작은 자기 관리, 건강에서 시작합니다. 자기 관리가 안 돼서 몸이 아프면 모든 게 만사가 귀찮습니다. 몸이 아프면 부정적인 생각이 드는 게 사람의 심리입니다. 바디갑이 자존감, 멘탈 갑이듯 자기 관리, 건강관리가 잘 돼야 마인드 컨트롤이 잘 되서 자신의 페이스 유지를 잘 할 수 있습니다.

자기 관리, 건강관리를 잘하는 사람이 주위에 있습니까? 내가 그런 사람이 아니라면 그런 사람이 주변에 대부분 없습니다. 상대방이 자기계발을 잘하는 사람인지 아닌지 알 수 있는 방법은 단순하게 말을 하자면 밝은 표정인지, 말투에서 힘이 느껴지는지, 이미지가 자기 관리, 건강관리가 잘 되어 보이는지 이런 것들을 보고 판단할 수 있는 겁니다.

필자는 204가지 자기계발 습관 중에 50%가 자기 관리, 건강관리입니다.

자기계발 잘하는 사람의 기준
두 번째, 목표, 방향, 가능성(비전)이 있는 사람.
"저 사람 옆에 있으면 나도 변할 수 있겠다. 나도 무엇이든 되겠다. 저 사람은 내가 좋은 사람이 되고 싶도록 만들어!" "저 사람과 함께라면 나도 가능성이 있겠다." 함께 하고 싶다는 마음을 주는 사람입니다.

이런 사람이 되기 위해서 필자가 하고 있는 가치, 비전, 목표, 방향, 가능성 참고하세요.

# 최보규 방탄자기계발 전문가
# 가치, 비전, 목표, 방향, 가능성!
# 꿈을 이루면 누군가에게도 꿈이 된다!

Google 자기계발아마존     YouTube 방탄자기계발     NAVER 방탄자기계발사관학교     NAVER  최보규

2019 강의 분야    2019 강사 분야    2019 유튜버 시작    2020 멘탈 분야    2020 비대면 코칭

2021 행복 분야    2021 재능마켓    2021 습관 분야    2021 습관 코칭    2021 자존감 분야

2021 자존감 코칭    2021 자존감 분야    2021 자존감 분야    2021 자존감시스템    2021 홈페이지제작

2021 디지털콘텐츠    2021 자기계발 분야    2021 자기계발 분야    2021 자기계발 분야    2021 자기계발 분야

2022 코칭분야    2022 코칭분야    2022 코칭분야    2022 코칭분야    2022 코칭분야    2022 코칭분야

## 자기계발 잘하는 사람의 기준
세 번째, 책을 꾸준하게 보고 실천하는 사람.

책을 많이 보는 사람인지 아닌지 한 번에 알 수 있는 게 있습니다. 대화 5분만 해봐도 알 수 있습니다. 책을 많이 보는 사람의 대화와 책을 아예 안 보는 사람의 대화는 완전히 다릅니다. 표정, 행동, 기운이 다릅니다.

우종만 박사님이 이런 말을 했습니다. 아는 것이 힘이던 시대는 지났다. 생각이든 결심이든 실천이 없으면 아무 소용이 없다. 쓰레기 된다. 하는 것이 힘이다. 1%를 하더라도 실천하는 자가 행복한 사람이다.

그래서 필자는 한 달에 15권씩 꾸준히 책을 읽고 14년 동안 2,000권 독서, 자기계발 책 12권을 출간 하고 자기계발 습관 204가지를 만들었다는 것입니다. 대한민국에 자기계발교육을 잘하는 사람들은 많습니다. 단언컨대 최보규 방탄자기계발전문가 만큼 내공이 있는 사람은 최보규 방탄자기계발전문가 뿐입니다.

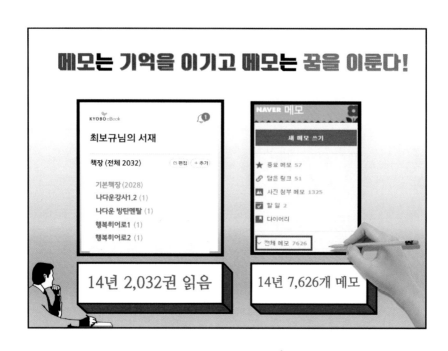

꾸준함 속에 성실함, 인내심, 목표, 긍정, 희망, 미래, 성장, 변화, 배움이 있습니다.

자동차에 연료가 없으면 움직이지 않듯 자신이 이루고자 하는 모든 것들은 꾸준함이라는 연료가 있어야 합니다. 꾸준히 하고 있는 게 많으면 진짜 자기계발 잘하는 사람입니다.

곰곰이 생각해 보십시오 이 책을 보고 계신 분들은 지금 꾸준히 하고 있는 게 몇 개나 되는지요?

대부분 사람들은 꾸준히 하고 있는 게 많다? 치킨을 꾸준히 먹습니다. 담배를 꾸준히 피잖아요. 인스턴트를 꾸준히 먹습니다. 정신, 몸에 무리가 가는 행동들을 꾸준히 합니다.

필자는 14년 전 강사가 되고나서 지금까지 꾸준히 하고 있는 게 책 2,000권 독서, 한 달에 15권 독서, 자기계발 습관 204가지를 만듦, 450명에게 점심 시간 때 좋은 메시지, 영상 공유, 기부, 나눔을 실천 하고 있으며 생명지킴이 상담봉사, 유튜브 4년, 2019년부터 12권의 책 출간을 꾸준히 하고 있습니다.

# 최보규 방탄자기계발 전문가
# 14년 강사 시작부터
# 꾸준히 하는 것으로 인해 나온 결과물!

| Google 자기계발아마존 | YouTube 방탄자기계발 | NAVER 방탄자기계발사관학교 | NAVER 최보규 |

2019 강의 분야　2019 강사 분야　2019 유튜버 시작　2020 멘탈 분야　2020 비대면 코칭

2021 행복 분야　2021 재능마켓　2021 습관 분야　2021 습관 코칭　2021 자존감 분야

2021 자존감 코칭　2021 자존감 분야　2021 자존간 분야　2021 자존감시스템　2021 홈페이지제작

2021 디지털콘텐츠　2021 자기계발 분야　2021 자기계발 분야　2021 자기계발 분야　2021 자기계발 분야

2022 코칭분야　2022 코칭분야　2022 코칭분야　2022 코칭분야　2022 코칭분야　2022 코칭분야

## 자기계발 잘하는 사람의 기준

다섯 번째, 함께 잘 되기 위한 행동을 많이 하는 사람.

나의 1%는 누군가에게는 살아가는 100%가 될 수 있다.

"내가 어려운 사람을 돕는 것이 아니라 어려운 사람이 내게 도울 기회를 주는 거다." 이런 마음으로 자신의 사소한 말, 표정, 행동들이 오로지 자신을 위해 서가 아니라 함께 잘 되기 위한 것이 많은 사람입니다.

한 마디로 "혼자 잘 먹고 잘 살자" 마인드가 아니라 "함께 잘 먹고 잘 살자"

내가 보는 게, 내가 듣는 게, 내가 행동하는 게 오로지 나를 위함이 아닌 함께 잘 살기 위한 행동이 많은사람 입니다.

그래서 필자는 14년 동안 20,000명을 상담, 코칭 하면서 늘 함께 잘 되기 위해서 상담, 코칭을 했고 습관을 만들었고 12권의 출간한 책 내용도 함께 잘 되기 위한 내용이며 유튜브를 찍더라도 작은 거라도 도움을 주기 위해서 노하우를 오픈 한다는 것입니다.

최보규 방탄자기계발 전문가의 말, 표정, 행동에서 "함께 잘 먹고 잘 살자" 마인드로 말을 하는지 자신 주둥이에

들어가는 것만 생각하기 위해서 말, 표정, 행동 하는지 어떤 느낌이 드십니까? 사랑의 향기가 느껴지십니까? 함께 잘 살자 향기가 느껴지십니까?

자기계발 잘하는 사람의 기준을 알면 자기계발 잘 하는 사람들을 찾을 수 있습니다. 주위에 있습니까? 잘하는 사람은 있지만 검증된 사람은 아마 없을 겁니다. 검증된 사람에게 코칭을 받아야 돈과 시간 낭비를 줄일 수 있는 겁니다.

교육, 코칭을 받더라도 순간 단타로 끝나는 것이 아니라 함께 잘 되기 위해서 한 번 코칭으로 150년 A/S,관리, 피드백 해줄 수 있는 코칭 과정이 대한민국에 있을까요?

세상에 필자 보다 자기계발 코칭을 잘하는 사람은 많습니다. 단언컨대 최보규 방탄자기계발 진문가보다 코칭 받는 사람을 사랑으로 코칭해 주는 검증된 진문가는 대한민국에 없습니다.

# 20,000명 상담, 코칭으로 알게 된
# 자기계발, 동기부여 트렌드!

# 언제까지 몸으로만 일 할 것인가?

## 홈페이지가 일하게 하자!
## 자신 분야 콘텐츠가 일하게 하자!
## 자동화시스템이 일하게 하자!

## 자신 분야 삼성을 올려
### (진정성, 전문성, 신뢰성)
## 제2, 3수입을 올 온라인 건물주 되자!

20,000명 상담, 코칭을 하면서 알게 된 자기계발 트렌드!

"자기계발을 해도 그만, 안 해도 그만, 쉽게 쉽게 대충하지 뭐!" 이런 태도로 자기계발을 하는 사람들이 많았습니다.

지금은 4차 산업시대, AI시대, 메타버스 시대, 비대면 시대에 자기계발 트렌드는 자기계발을 하더라도 효율적으로 해야합니다.

자신 분야 삼성(진정성, 전문성, 신뢰성)을 올려 자동결제 되는 무인시스템과 연결시켜서 자신 분야 디지털콘텐츠 제작으로 제2수입, 제3수입까지 발생시킬 수 있는 트렌드로 가고 있습니다.

자신 분야 삼성(진정성, 전문성, 신뢰성)을 올리고 자신 분야 수입을 극대화 시킬 수 있는 자기계발 트렌드인 방탄자기계발을 해야 합니다.

필자가 했던 방탄자기계발 5가지!

첫 번째, 강사 직업 자기계발.

두 번째, 유튜버 자기계발.

세 번째, 책 쓰기, 책 출간 자기계발.

네 번째, 디지털 콘텐츠 제작(전자책, 영상 콘텐츠)으로 재능마켓 입점.

다섯 번째 자동결제시스템 되는 자기계발아마존 홈페이지 제작.

2022년 ~ 앞으로의 시대 디지털 시대에 살아남기 위한 필수 스펙은 영상 편집 기술, 홍보 디자인 제작 기술,

디지털 콘텐츠 제작 기술로 자신 분야 삼성(진정성, 전문성, 신뢰성)을 올리기 위한 스펙이며 전문가가 되기 위해서는 이 세 가지 스펙은 선택이 아니라 필수입니다.

필자가 했던 방탄자기계발을 결론부터 말을 한다면 자신 분야 삼성(진정성, 전문성, 신뢰성)을 통해 몸값을 올리고 제2수입, 제3수입을 발생시킬 수 있는 무인자동 시스템을 연결시켜 본업인 강사 직업 외에 움직이지 않아도 수입이 발생할 수 있는 시스템을 만들었습니다.

자신 분야 삼성(진정성, 전문성, 신뢰성)을 몸값 올리고 제2수입, 제3수입을 발생 시킬 수 있는 무인 자동 연결 시스템 설명을 시작합니다! 집중하세요!

지금부터 자신 분야 수입을 극대화 시키는 방법을 천기 누설 하겠습니다.

지금 자기계발코칭전문가 자격증을 취득하기 위해서 배우고 있습니다. 이 자격증을 취득하면 자기계발 강사 자격이 주어지는 것이고 강사 직업을 할 수 있는 조건이 됩니다.

순간 이런 생각이 들것입니다. "강사 아무나 하는 거 아니잖아요?" 결론부터 말하면 강사 개나, 소나, 닭이나, 고양이나 다 합니다.

세부적인 내용들은 강사 백과사전인 강사 사용 설명서인 나다운 강사1,2 참고하세요!

강사 직업 현실을 간단히 말하겠습니다. 민간자격증 2~3개 정도 취득하면 강사 자격이 주어집니다.

스피치, 교안 준비, 프로필 준비, 강사 스펙...부수적으로 필요한 것들이 있지만 전문직 프리랜서라면 자신 분야를 교안(ppt)으로 만들어서 강의도 할 수 있습니다. 강사 직업 문턱이 많이 낮습니다.

자기계발코칭전문가 자격증을 취득하면 자기계발도 하면서 자신 분야와 연결시켜 수입도 극대화 시키고 노후에 제2의 직업까지 할 수 있다는 것이 자기계발강사입니다. 강사는 누구나 되지만 방탄강사는 아무나 될 수 없다!

20,000명 상담, 코칭을 통한 방탄강사가 되기 위한 5단계 시스템!

1단계 강사 머리부터 발 끝까지 준비. 강의 시작 집중기법, SPOT 기법, 아이스브레이킹 기법, SPOT+메시지기법.

2단계 스토리텔링 기법.

3단계 엑티비티 팀빌딩 기법. (팀 워크, 조직활성화)

4단계 강사 인성, 매너, 개념, 멘탈 교육! 강사 연차 별 준비, 변화 방법! 강사료 올리는 방법! 강의 분야 무인 시스템 연결 방법!

5단계 3D.4D 강의 기법. 담당자, 청중, 학습자가 원하는 강의 기법.

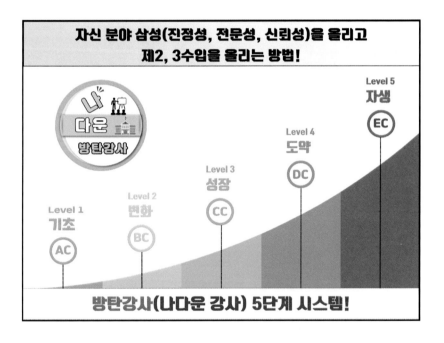

자신 분야 삼성(진정성, 전문성, 신뢰성)을 올리고
제2, 3수입을 올리는 방법!

Level 5
자생
EC

Level 4
도약
DC

Level 3
성장
CC

Level 2
변화
BC

Level 1
기초
AC

나
다운
방탄강사

방탄강사(나다운 강사) 5단계 시스템!

# 행복한 강사를 위한 강의, 강사 검진

# 강사병원
# 검진성형

**"대한민국 최초"** 최보규 강사 닥터 1호

몸과 마음이 아프면 병원에 의사를 만나야 하듯!
강사를 하다 힘들면 언제든지 치료받을 수 있는
당신만의 강사주치의 '강사 닥터'

www.방탄자기계발사관학교.com

◀)) **교육 담당자, 청중, 학습자가 원하는 강의 스타일, 강사 스타일**
**이 있는데 강사님은 자신 스타일만 고집하고 있지는 않나요?**

왜? 내 강의는 즐겁지 않지?

왜? 내 강의는 메시지가 없지?

즐거운 강의는 되는데 메시지가 약한 강사

메시지 강의는 되는데 즐거운 강의가 약한 강사

지금 가성비 강사를 원하고 가성비 강사만 살아남습니다.

<u>즐거운 강의(기본)+메시지+스토레텔링+감동 = 실천 동기부여</u>

강사료를 어떻게 올리지? 강사일 어떻게 오래 지속하지?

강의, 강사의 걱정 고민 37,000가지

강사양성 전문가가 해결해 드립니다.

# 세상에 즐거운
## 강의, 메시지 강의
## 못하는 강사는 없습니다.
## 다만 그 방법을 모르는
## 강사만 있을 뿐입니다.

-최보규 강사 닥터 1호-

## "대한민국 최초"
## 검증된 강사양성 전문가

Google 자기계발아마존  ▶YouTube 방탄자기계발  NAVER 나다운강사  NAVER 최보규

# 검진, 성형 항목! 어떤 것들이 있을까요?

노오력이 배신하는 시대! 올바른 노력을 하기 위해
강사 전문가에게 검진받고 강의, 강사 성형하세요!

강사방향 닥터 · PPT 닥터 · 강사멘탈 닥터
스킬UP 닥터 · 트레이닝 닥터 · 강사코칭 닥터

# 강사 검진, 성형 절차는 이렇습니다.

강사가 교육 일정에 맞추는 일반적인 강사교육이 아닙니다.
상담 후 강사 현재 상황에 맞는 교육, 일정 조정 후 진행 "특별 맞춤 교육"

| | |
|---|---|
| ✔ **상담 및 예약** | 전화, 문자 상담 = 예약 가능합니다.<br>상담 및 예약 : 최보규 원장 010-6578-8295<br>시간 : 09:00 ~ 22:00 (부재 중 문자 남기세요.) |
| ✔ **일시 \| 시간** | 기본 5시간 ~ 60시간 / 3개월 / 6개월 / 1년<br>상담 후 교육과정에 따라 조절 |
| ✔ **장소 \| 비용** | 신촌 두드림 스터디룸 신촌역6번 (3분 거리)<br>온, 오프라인 가능<br>자신 수준에 맞는 교육 상담 후 결정 / 출장 가능 |
| ★★★★★<br>✔ **특급 혜택** | **교육 후 150년 A/S 관리, 피드백** |

# 방탄강사 사관학교

# 강사병원
# 검진성형

## 강사 즐겁게, 쉽게, 함께 합시다!

### 강사님 현 상황에서
### 필요한 검진, 성형으로
### 피 같은 돈
### 낭비하지 마세요!

상담 후 예약제입니다 ^^

최보규 강사 닥터 1호 010-6578-8295

www.방탄자기계발사관학교.com

# 강사병원 검진성형

## ✔일시, 시간
▶ 수시 모집 (상담)
▶ 13:00 ~ 18:00 (기본 5시간)
　시간 조정 가능!(10H, 15H, 20H)

## ✔내용
1. 강의 시작 집중기법, SPOT 기법, 아이스브레이킹 기법
　SPOT+메시지기법
2. 스토리텔링 기법
3. 엑티비티 팀빌딩 기법 (팀 워크, 조직활성화)
4. "대한민국 최초" 강사 인성, 매너, 개념, 멘탈 교육
　강사 연차 별 준비, 변화 방법!, 강사료 올리는 방법!
5. 3D.4D 강의 기법. 담당자, 청중, 학습자가 원하는 강의기법.

## ✔자기계발 비용, 인원
▶ 비용 상담
▶ 1:1 코칭(온,오프라인)

## ✔장소, 상담
▶ 장소 상담 후 상황에 따라 변동 사항
▶ 한 번의 상담이 인생 터닝포인트
　150년 A/S, 관리, 피드백
　최보규 원장 010-6578-8295

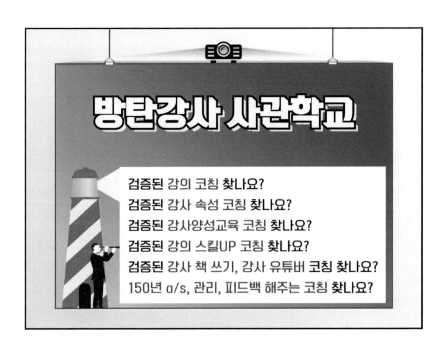

# 방탄강사 사관학교
## 시스템 사용설명서

---

## 시스템 소개

### 4차 산업 시대에 맞는 4차 강사로 업데이트!

---

대한민국 강사 250만 명(학원, 소속) 프리랜서 강사 100만 명 그중 90% 가 생계형 강사입니다. 수많은 강사를 상담(20,000명)하면서 알게 된 대한민국 강사 업계 현실, 강사양성 문제점, 강의 분야 1000개, 강사분야 10개를 대한민국 최초로 통합시켜 강사 백과사전을 만든 사람으로서 시작하는 강사부터 100년 차 강사까지 년 차별 준비, 학습, 변화를 코칭하는 '세계 최초' 방탄강사 사관학교! 세계 최초로 150년 A/S, 관리, 피드백! 한번 코칭 받고 끝나는 인스턴트 코칭이 아닌 인연이 되어주는 코칭입니다. 우주 최강 책임감으로 함께 합니다!

**01**

# 교육.강의.코칭 목적 및 기대효과

🔊 "대한민국 최초" 시스템 강사양성교육을 통해 강사직업에 필요한 모든 것! 강사 인성, 매너까지 강사 리더를 양성하는 교육.  교육에 맞추는 양성교육이 아닌 학습자 상황에 맞춤교육.

강사 상황 검진을 통해 트렌드에 맞는 강의, 강사 성형하는 교육.
늘 그때뿐인 교육, 강의, 코칭이 아닌 150년 a/s, 관리, 피드백으로 꾸준히 변화, 성장하는 기대효과.

 **02**

# 교육.강의.코칭 항목

🔊 ▶ 강사 1학년: 목표, 방향 설정반   ▶ 강사 4학년: 강사 트레이닝반
▶ 강사 2학년: 강사 자신감반   ▶ 강사 5학년: 강사 멘탈반
▶ 강사 3학년: 강사 스킬 UP반   ▶ 강사 6학년: 강사 사명감반

학년별 시스템 교육을 통한 검증된 강사가 되어 강사료에 맞는 강사!
강사 직업을 오래 지속할 수 있는 강사로 거듭나는 교육.

( 강사방향 교육 )  ( PPT 교육 )  ( 강사멘탈 교육 )  ( 스킬UP 교육 )  ( 트레이닝 교육 )  ( 강사코칭 교육 )

## 03 교육.강의.코칭 내용

🔊 전문 상담사의 상담을 통해 자신이 듣고 싶은 과정이 아닌 자신 상황에 맞는 맞춤 교육을 통해 교육 효과를 극대화합니다.

| 01 🎓 **강사 학사** | 02 🎓 **강사 석사1** | 03 🎓 **강사 석사2** | 04 🏅 **강사 박사** |
|---|---|---|---|
| 강의, 강사의 모든 것.<br>강사 1,2,3,4,5,6학년<br>체계적인 시스템을<br>통한 학습, 연습, 훈련.<br>※신청조건 : 누구나 | 강의, 강사 속성교육.<br>강의, 강사 스킬UP.<br>강의, 강사 트레이닝.<br>※신청조건 :<br>　강사 1년 차 이상 | 강사 1,2,3,4,5,6학년<br>체계적인 시스템을<br>통한 속성교육.<br>※신청조건 :<br>　강사 1년 ~ 5년 차 | 강사 퍼스널브랜딩.<br>(저서 , 유튜브, SNS 코칭)<br>강사 1:1 상담 코칭.<br>강사양성과정<br>상담, 커리큘럼, 운영 코칭.<br>※신청조건 : 3년 차 이상 |
| ▼ | ▼ | ▼ | ▼ |
| 3개월 과정 (42H) | 1개월 과정 (30H) | 하루 과정 (8H) | 2일 과정 (16H) |

## 04 강사 학사 신청 대상 세부 내용

🎓 **강사 학사** 🎓

▶ 강사직업을 시작하고 싶은 분.

▶ 자존감, 자신감, 자기계발, 자기관리, 멘탈, 습관, 긍정을 배워 새로운 인생을 살며 삶의 질을 높이고 싶은 분.

▶ 민간자격증은 많이 취득했는데 강의 1시간도 못해 기초부터 제대로 강의를 배워서 사명감 있는 강사가 되고 싶은 분.

▶ 많은 강사양성교육에 지쳐 이제는 돈 낭비 안 하고 싶은 분.

▶ 강사양성교육 후 꾸준한 관리, 도움, 함께 하고 싶은 분.

##  05 강사 석사1 신청 대상 세부 내용

### 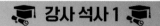 강사 석사 1

- ▶ 스팟기법, 아이스브레이킹기법, 집중기법, 강의기법을 자신 강의에 접목하는 스킬을 배우고 싶은 강사.
- ▶ 즐거운 강의, 메시지, 스토리텔링 기법을 배우고 싶은 강사.
- ▶ 강의 내공, 강의력을 키우고 싶은 강사.
- ▶ 자신 강의 스타일을 점검받고 다듬고 싶은 강사.
- ▶ 트렌드에 맞는 강의 스타일, 강사 스타일을 만들어 강사료를 올리고 싶은 강사.

##  06 강사 석사2 신청 대상 세부 내용

###  강사 석사 2

- ▶ 강의, 강사 기본기를 제대로 시작부터 다듬고, 배우고 싶은 강사.
- ▶ 강사 1,2,3,4,5,6 학년 체계적인 시스템을 통해 강의 정석 강사의 정석을 속성으로 배우고 싶은 강사.

- ▶ 강의 트렌드를 속성으로 배우고 싶은 강사.
- ▶ 강사 트렌드를 속성으로 배우고 싶은 강사.
- ▶ 속성으로 강의, 강사의 모든 것을 배우고 싶은 강사.

## 07 강사 박사 신청 대상 세부 내용

 ### 강사 박사

- 자신 분야 책 집필을 통해 강사료를 올리고 싶은 강사.
- 강사 방향을 잡아 강사 퍼스널브랜딩을 만들고 싶은 강사.
- 강사 영업, 홍보(유튜브,블로그,SNS) 전략을 배워 비수기 5개월을 극복하고 싶은 강사.
- 강사1:1 코칭, 상담 기법을 배워 비수기 5개월을 극복하고 싶은 강사.
- 자신 분야를 디지털 콘텐츠 제작해서 온라인 건물주가 되어 월세, 연금성 수입으로 경제적 자유 시스템을 만들고 싶은 분

---

 ## 특 특별 교육.코칭

◀)) 강사 평균 1년 동안 강사양성교육, 자격증 비용 300 ~ 600만 원  강사 10,000명 조사

◀)) 1:1 특별 맞춤 코칭! 강의, 강사 속성으로 마스터! (상담 후 날짜, 시간 예약제)

### 특1
**이코노미석 코칭**

자기계발 비용 상담
강의 시작, 강의 준비의
모든 것 함께 작업 코칭.
강의 스킬 UP.
강의 트레이닝.
원하는 부분 특별 코칭.

( 1회(5H) ~ 3회(15H) )

### 특2
**비즈니스석 코칭**

자기계발 비용 상담
배우고 싶은 강의.
강의 교안, 강의 트레이닝
트렌드에 맞는 강의 코칭
트렌드에 맞는 강사 코칭
특별 코칭.

( 1회(5H) = 총 : 5회(25H) )

### 특3
**퍼스트클래스석 코칭**

자기계발 비용 상담
수요 많은 강의.
강의 교안, 강의 트레이닝
※풀세트 : 교안, 강의 대본
기본서류 코칭.
자신스트일에 맞게 코칭.

( 1회(5H) = 총 : 7회(35H) )

08 **강사 학사 교육 커리큘럼**

🔊 교육 시간은 변동사항 있을 수 있습니다!

| 구분 | 주제 | 강의내용 | 시간 |
|---|---|---|---|
| 강사 학사 | 강사 1학년 : 목표, 방향 설정반 | 명강사! 스타 강사! 1억 연봉 프로 강사는 잊어라? 왜? why? | H |
| | 강사 2학년 : 자신감반 | 강사 개나 소나 시작합니다 | H |
| | 강사 3학년 : 강사 스킬 UP반 | 변화 없는 강의, 강사 스킬은 강사 암 초기 증상 | H |
| | 강사 4학년 : 강사 트레이닝반 | 세계인구 75억 명 강의, 강사 스타일 75억 개 | H |
| | 강사 5학년 : 강사 멘탈반 | 강사 직업 수명은 강사료(돈)로 결정된다? NO!단언컨대 말씀드립니다! 멘탈 때문에 결정됩니다! 왜? why? | H |
| | 강사 6학년 : 강사 사명감반 | 사명감은 만들어지는 것이 아니라 만들어 가는 것! | H |

 09 **강사 석사1 교육 커리큘럼**

🔊 교육 시간은 변동사항 있을 수 있습니다!

| 구분 | 주제 | 강의내용 | 시간 |
|---|---|---|---|
| 강사 학사 1 | 강사 인성, 매너, 영업 | 강사 인성, 매너 학습 / 강사료 올리는 방법 / 강사 영업 노하우 | H |
| | 강사 스킬 UP 1 | 파워포인트 우주 초보 탈출 / 지금 실력 업그레이드 | H |
| | 강사 스킬 UP 2 | 강의 기법, 스팟 기법, 메시지기법, 스토리텔링기법, 픽크앤드기법 | H |
| | 강사 스킬 UP 3 | 교육 담당자, 청중, 학습자가 원하는 강의 스타일 스킬 UP | H |
| | 강사 트레이닝 1 | 교육 담당자, 청중, 학습자가 원하는 강의 스타일 트레이닝 | H |
| | 강사 트레이닝 2 | 트렌드인 3D 강의! 4D 강의 강의 스타일 트레이닝 | H |

강사 석사2 교육 커리큘럼

 교육 시간은 변동사항 있을 수 있습니다!

| 구분 | 주제 | 강의내용 | 시간 |
|---|---|---|---|
| 강사<br>학사<br>2 | 강사 인성, 매너, 영업 1 | 강사 인성, 매너 학습 / 강사료 올리는 방법 / 강사 영업 노하우 1 | H |
| | 강사 인성, 매너, 영업 2 | 강사 인성, 매너 학습 / 강사료 올리는 방법 / 강사 영업 노하우 2 | H |
| | 파워포인트 스킬 UP | 파워포인트 실력 중, 상급으로 업그레이드 | H |
| | 강사 스킬 UP 3 | 강의 기법, 스팟 기법, 메시지기법, 스토리텔링기법, 피크앤드기법 | H |
| | 강사 스킬 UP 4 | 교육 담당자, 청중, 학습자가 원하는 강의 스타일 스킬 UP 1 | H |
| | 강사 스킬 UP 5 | 교육 담당자, 청중, 학습자가 원하는 강의 스타일 스킬 UP 2 | H |
| | 강사 트레이닝 1 | 교육 담당자, 청중, 학습자가 원하는 강의 스타일 트레이닝 | H |
| | 강사 트레이닝 2 | 트렌드인 3D 강의! 4D 강의! 강의 스타일 트레이닝 | H |

 강사 박사 교육 커리큘럼

교육 시간은 변동사항 있을 수 있습니다!

| 구분 | 코칭주제 | 코칭내용 | 시간 |
|---|---|---|---|
| 강사<br>박사 | 강사 퍼스널브랜딩 1 | 책 쓰기 7G(초고, 원고, 퇴고, 탈고, 투고, 강의, 강사) 홀인원 1 | H |
| | 강사 퍼스널브랜딩 2 | 책 쓰기 7G(초고, 원고, 퇴고, 탈고, 투고, 강의, 강사) 홀인원 2 | H |
| | 강사 퍼스널브랜딩 3 | 유튜브, 블로그, SNS 활용, 강사 방향 잡기 1 | H |
| | 강사 퍼스널브랜딩 4 | 유튜브, 블로그, SNS 활용, 강사 방향 잡기 2 | H |
| | 강사양성과정<br>상담, 커리큘럼 운영 코칭 1 | 강사양성 기본 커리큘럼 배우기, 강사양성 과정 상담 코칭<br>자신 전문분야 강사양성 과정 커리큘럼 틀 배우기 1 | H |
| | 자신 분야<br>디지털 콘텐츠 제작 | 온라인 건물주가 되기 위한 디지털 콘텐츠 기획, 제작, 홍보 시스템<br>방향 잡고 만들기 | H |
| | 강사 1:1 코칭 | 강사 비수기 5개월 극복을 위한 강사 상담기법을 통해 강사<br>스킬UP 코칭법 | H |

# 방탄강사 사관학교

# 강사 양성과정!

## 강사가 원하는 양성과정 베스트 8

## 강사 10,000명 데이터

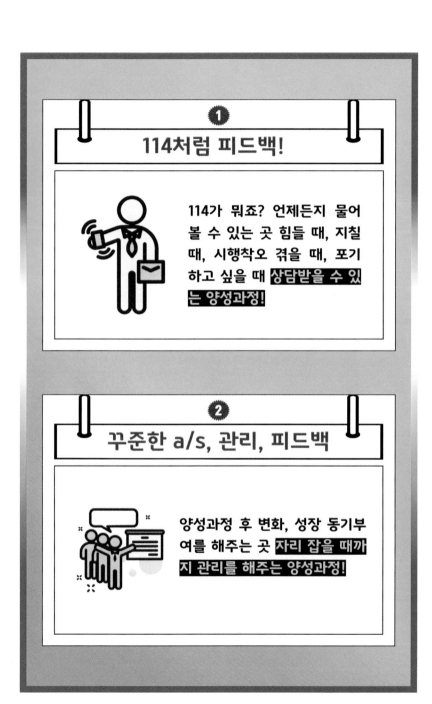

## ❶ 114처럼 피드백!

114가 뭐죠? 언제든지 물어 볼 수 있는 곳 힘들 때, 지칠 때, 시행착오 겪을 때, 포기하고 싶을 때 상담받을 수 있는 양성과정!

## ❷ 꾸준한 a/s, 관리, 피드백

양성과정 후 변화, 성장 동기부여를 해주는 곳 자리 잡을 때까지 관리를 해주는 양성과정!

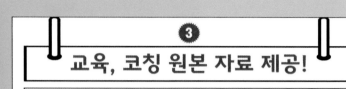

# ❸
# 교육, 코칭 원본 자료 제공!

준다고 말만 하고 안 주는 게 아닌 PDF 파일이 아닌 핵심 자료 빼는 게 아닌 파워포인트 그대로 글씨만 수정해서 바로 강의할 때 쓸 수 있는 **원본 강의 자료 그대로 주는 양성과정**

# ❹
# 교육, 코칭 영상 시청!

교육을 듣고 강의 자료를 받더라도 그때뿐 기억이 안 납니다! 가장 좋은 방법은 교육 촬영한 영상을 보고 다시 해보는 것이 가장 좋은 방법 **코칭 영상 다시 볼 수 있는 양성과정!**

**❺ 강의 연계되는가!**

양성과정 후 트레이닝을 받고 강의까지 할 수 있도록 연결이 되어 있는 시스템이 있는 양성과정!

**❻ 스킬UP, 트레이닝 시스템!**

강의, 강사 트렌드에 맞게 스킬 UP하고 트레이닝을 할 수 있는 시스템이 있는 양성과정

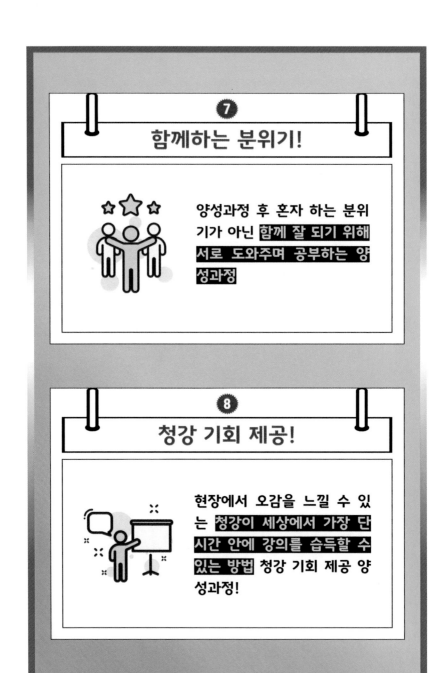

# ❼ 함께하는 분위기!

양성과정 후 혼자 하는 분위기가 아닌 함께 잘 되기 위해 서로 도와주며 공부하는 양성과정

# ❽ 청강 기회 제공!

현장에서 오감을 느낄 수 있는 청강이 세상에서 가장 단시간 안에 강의를 습득할 수 있는 방법 청강 기회 제공 양성과정!

강사양성 전문가

# 강사의 정석

## 강의, 강사 백과사전

최보규 방탄강사 전문가

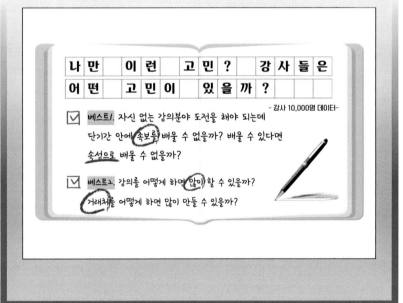

| 나 | 만 | | 이 | 런 | | 고 | 민 | ? | | 강 | 사 | 들 | 은 |
|---|---|---|---|---|---|---|---|---|---|---|---|---|---|
| 어 | 떤 | | 고 | 민 | 이 | | 있 | 을 | 까 | ? | | | |

- 강사 10,000명 데이터-

☑ 베스트1. 자신 없는 강의분야 도전을 해야 되는데

단기간 안에 속보량 배울 수 없을까? 배울 수 있다면

속성으로 배울 수 없을까?

☑ 베스트2. 강의를 어떻게 하면 많이 할 수 있을까?

거래처를 어떻게 하면 많이 만들 수 있을까?

| 나 | 만 | | 이 | 런 | | 고 | 민 | ? | | 강 | 사 | 들 | 은 |
|---|---|---|---|---|---|---|---|---|---|---|---|---|---|
| 어 | 떤 | | 고 | 민 | 이 | | 있 | 을 | 까 | ? | | | |

☑ 베스트3. 돈을 못 벌어 멘자 저하. 강의가 없어 멘자 저하. 나보다 못하는 거 같은데 상대방 잘 나가는 모습 멘자 저하. 이렇게 까지 강사 일 해야 되나? 전에 하던 거 다시 할까? 멘자를 강하게 키우고 싶어요~

☑ 베스트4. 혼자 너무 외로워요. 공동체에 소속돼서 함께 공부하고 배우고 서로 도와주며 편하게 물어볼 수 있는 강사님들과 함께라면 힘들고 어려워도 이겨낼 수 있을 거 같은데 그런 공동체 없나요?

[멘자 : 멘탈, 자존감]

그 분야 전문가들은 기본을 충실합니다. 강의, 강사의 기본기부터 시작하세요! 기본기는 선택이 아닙니다! 필수입니다!

★ 강사의 정석 1 = 방탄강사사관학교
강의, 강사 기본기를 배우고 목표·방향설정!
강의, 강사 전체적인 흐름 파악! 아하!
강의, 강사가 이런 거구나! 감잡았어!

최보규 방탄강사 전문가

## 강의, 강사의 필수 스킬? 파워포인트! 하지만 자신 수준에 맞춰 배울 수 있는 곳? 드물 다는 것!

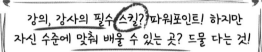

### ★ 강사의 정석 2 = 파워포인트

우주초보 탈출 파워포인트 마우스만 움직일 줄 알면 끝!
1,000개 기능에서 10개 기능만 알면 끝! 기본은 한다고요?
전문학원가야 배울 수 있는 파워포인트 전문디자인을
기본실력만 있음! 할 수 있는 방법으로 코칭해드립니다!

최보규 방탄강사 전문가

---

## 강의를 듣는 담당자, 청중, 학습자수준은 올라가고 있습니다! 하지만 강사 강의 스킬은 그대로인 현실..

### ★ 강사의 정석 3 = 스킬UP

현실 가성비강사 1+3 즐거움+메시지+감동=
실천, 행동할 수 있는 강의 사용설명서 도구 활용!
1D 강의? 2D 강의? 3D 강의? 4D 강의?
지금은 3D, 4D 강의 트렌드에 맞는 강의 준비!

최보규 방탄강사 전문가

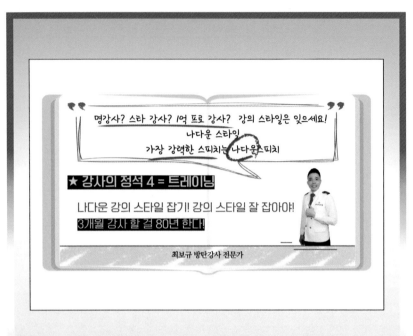

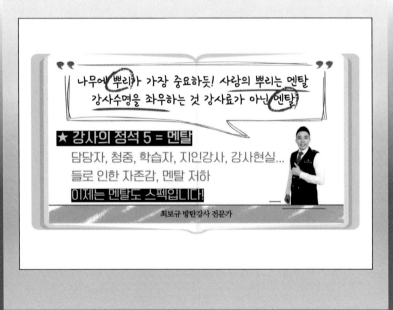

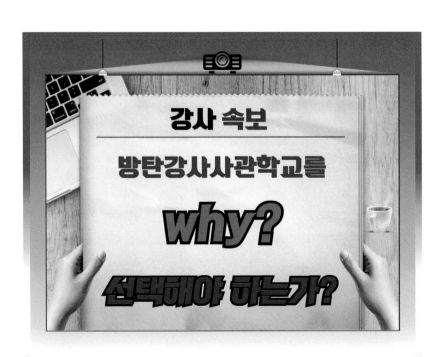

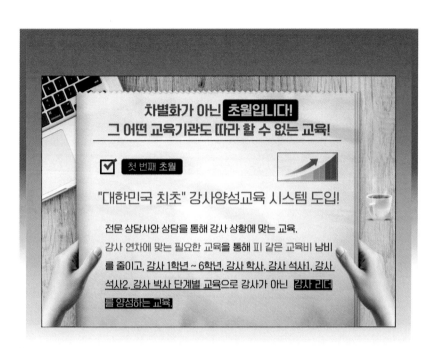

차별화가 아닌 초월입니다!
그 어떤 교육기관도 따라 할 수 없는 교육!

✓ 첫 번째 초월

"대한민국 최초" 강사양성교육 시스템 도입!

전문 상담사와 상담을 통해 강사 상황에 맞는 교육.
강사 연차에 맞는 필요한 교육을 통해 II 같은 교육비 낭비
를 줄이고, 강사 1학년 ~ 6학년, 강사 학사, 강사 석사1, 강사
석사2, 강사 박사 단계별 교육으로 강사가 아닌 강사 리더
를 양성하는 교육.

차별화가 아닌 초월입니다!
그 어떤 교육기관도 따라 할 수 없는 교육!

✓ 두 번째 초월

"대한민국 최초" 강사양성교육 코칭 영상 회원제!

강사 10,000명 데이터 강사양성교육때 바라는 베스트 1
교육과정 녹화영상 언제든지 보고 배울 수 있는 강사양성교
육. 그 마음 알기에 대한민국 강사 그 누구도 못하는 것을 대
한민국 최초로 직접 촬영, 편집, 디자인 해서 회원제로 제공
하는 교육!

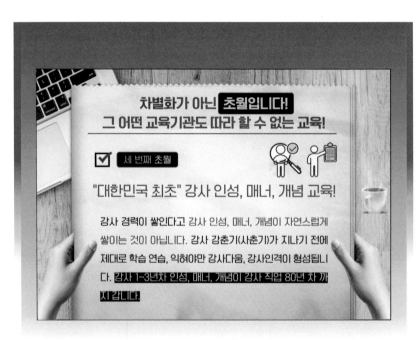

## 차별화가 아닌 초월입니다!
### 그 어떤 교육기관도 따라 할 수 없는 교육!

☑ 세 번째 초월

"대한민국 최초" 강사 인성, 매너, 개념 교육!

강사 경력이 쌓인다고 강사 인성, 매너, 개념이 자연스럽게 쌓이는 것이 아닙니다. 강사 강춘기(사춘기)가 지나기 전에 제대로 학습 연습, 익혀야만 강사다움, 강사인격이 형성됩니다. 강사 1~3년차 인성, 매너, 개념이 강사 직업 80년 차 까지 갑니다.

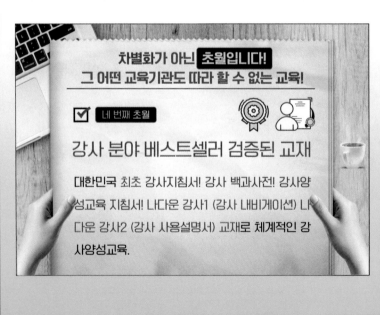

## 차별화가 아닌 초월입니다!
### 그 어떤 교육기관도 따라 할 수 없는 교육!

☑ 네 번째 초월

## 강사 분야 베스트셀러 검증된 교재

대한민국 최초 강사지침서! 강사 백과사전! 강사양성교육 지침서! 나다운 강사1 (강사 내비게이션) 나다운 강사2 (강사 사용설명서) 교재로 체계적인 강사양성교육.

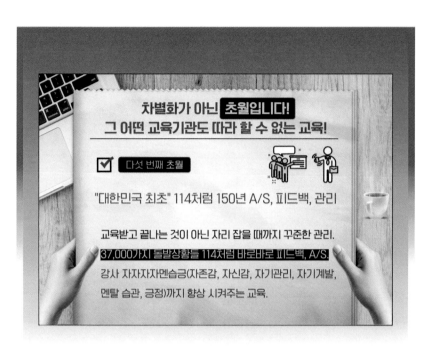

차별화가 아닌 **초월**입니다!
그 어떤 교육기관도 따라 할 수 없는 교육!

☑ 다섯 번째 초월

"대한민국 최초" 114처럼 150년 A/S, 피드백, 관리

교육받고 끝나는 것이 아닌 자리 잡을 때까지 꾸준한 관리.
37,000가지 돌발상황들 114처럼 바로바로 피드백, A/S.
강사 자자자자멘습금(자존감, 자신감, 자기관리, 자기계발,
멘탈 습관, 긍정)까지 향상 시켜주는 교육.

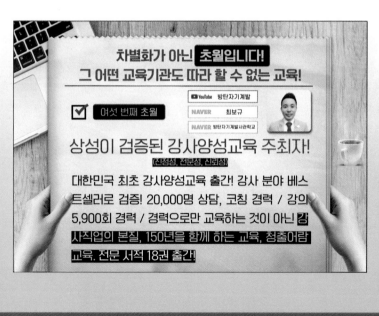

차별화가 아닌 **초월**입니다!
그 어떤 교육기관도 따라 할 수 없는 교육!

☑ 여섯 번째 초월

▶ YouTube 방탄자기계발
NAVER 최보규
NAVER 방탄자기계발사관학교

**상성이 검증된 강사양성교육 주최자!**
(신정성, 전문성, 신뢰성)

대한민국 최초 강사양성교육 출간! 강사 분야 베스
트셀러로 검증! 20,000명 상담, 코칭 경력 / 강의
5,900회 경력 / 경력으로만 교육하는 것이 아닌 **강
사직업의 본질, 150년을 함께 하는 교육, 청출어람
교육. 전문 서적 18권 출간!**

# "같은 강사양성교육 이 아닙니다"

시작하는 강사 ~ 10년 차 강사까지 연차별
시스템으로 교육, 코칭하는 곳은
세계에서 방탄강사 사관학교뿐입니다.

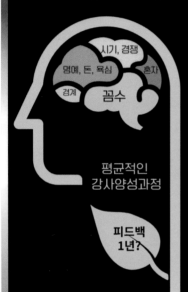

평균적인
강사양성과정

피드백
1년?

[ 강사양성교육 100곳 데이터 ]

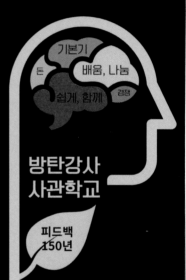

방탄강사
사관학교

피드백
150년

## 1 차이점

교육, 코칭 받기 전과 후 태도가 다름. 시간이 지나면서 자연스럽게 피드백 받기 힘들어지고 시간 흐름 속에서 개인플레이 환경.

교육, 코칭 후 궁금하고 막히는 부분들 114처럼 언제든지 문자, 전화해서 상담받을 수 있고 150년 a/s, 관리, 피드백 환경.

## 평균적인
## 강사양성과정

## 방탄강사
## 사관학교

[ 강사양성교육 100곳 데이터 ]

### 2 차이점

화려한 프로필, 스펙에 비해 강의력, 강의 내공, 전문성이 느껴지지 않고 '나도 당신만큼 강의 하겠다.'라는 마음이 들게 하는 강의, 강사 수준이 낮다.

화려한 프로필, 스펙을 뒷받침해줄 수 있는 강의력, 강의 내공, 전문성을 느껴지게 하기 위해 전문 서적 17권 출간, 유튜버 활동, 한 달 책 15권 독서를 통해 강의 학습, 연습, 훈련.

[ 강사양성교육 100곳 데이터 ]

### 3 차이점

강의, 강사 수준에 비해 교육, 코칭비가 고가에 책정돼 있어 교육, 코칭비 값어치를 못해 돈을 낭비하는 상황이 벌어져 다른 교육, 코칭을 받아야 돼서 이중으로 돈이 들어간다.

2,000권 독서. 20,000명 상담, 코칭. 전문 서적 18권 출간, 유튜버 활동, 한 달 15권 독서에서 나오는 강의, 강사 수준은 세계 최고라고 자부하는 가치와 값어치는 하는 교육, 코칭!

## 평균적인
## 강사양성과정

## 방탄강사
## 사관학교

[ 강사양성교육 100곳 데이터 ]

### 4 차이점

교육, 코칭 후 스킬UP, 레벨 없을 할 수 있는 시스템이 없어 변화, 성장이 멈추게 되고 시대에 뒤떨어지게 되어 다른 교육기관에서 처음부터 다시 시작해야 되는 악순환.

시작 강사부터 10년 차까지 연차별 업그레이드 시스템과 트렌드에 맞게 변화, 성장 하기 위해 함께 학습, 연습, 훈련할 수 있는 세계 최초 강의, 강사 시스템이 있는 교육, 코칭.

[ 강사양성교육 100곳 데이터 ]

### 5 차이점

자신 분야, 강의 분야 외에는 다른 분야 강사 현실감이 부족해서 강의, 강사 방향 제시를 제대로 하지 못하고 주최자 강의력이 부족한데도 배움, 변화, 성장하려 하지 않고 했던 것만 한다.

10개가 넘는 강사 분야, 1,000개가 넘는 강의 분야를 대한민국 최초로 통합해서 강사 백과사전을 만들었기에 분야별 장단점을 제대로 파악하여 트렌드에 맞게 교육, 코칭.

# 평균적인 강사양성과정

[ 강사양성교육 100곳 데이터 ]

# 방탄강사 사관학교

## 6 차이점

강의, 강사 경력만큼 강의, 강사 인성, 매너, 개념이 있어야 되는데 경력만 있고 강사 인성, 매너, 개념이 없어 초보 강사, 후배 강사에게 갑질 하는 주최자. 강사 직업에 대해 회의감을 느끼게 하는 주최자!

'경력은 스펙이 아니다.' 신념으로 '최보규 강사님은 제가 좋은 강사가 되고 싶도록 만들어요.' 말을 들 을 수 있도록 먼저 솔선수범으로 보여주는 주최자! 204가지 강의, 강사 습관을 통해 행동으로 보여주는 주최자!

나쁜 자녀는 없다! 나쁜 부모만 있다!
나쁜 직원은 없다! 나쁜 리더만 있다!
나쁜 개는 없다! 나쁜 견주만 있다!

나쁜 강사는 없다!
나쁜 강사양성교육 주최자만 있다!
방탄강사 사관학교에서는
강사를 양성하는 교육, 코칭이 아닌
방탄강사 리더를 교육, 코칭합니다.
강사는 누구나 된다! 방탄강사 리더는 아무나 될 수 없다!

# 최보규 방탄강사 11계명

1. 학습자에게 섬김을 받으려는 강의가 아닌 학습자를 섬길 수 있는 강의를 하겠습니다.
2. 오늘이 마지막 날인 것처럼 강의하고 영원히 살 것처럼 학습자에게 배우겠습니다.
3. 강의 있는 전날에는 최상의 컨디션을 유지하기 위해 건강 관리, 목 관리, 자기관리하겠습니다.
4. 강의장 1시간 전에 도착해서 강의 마음가짐 준비 하겠습니다.
5. 강의장 가장 먼저 도착 강의 끝난 후 가장 늦게 나오겠습니다.
6. 내 삶이 강의고 강의가 내 삶이 되도록 행동 하겠습니다.
7. 힘들게 배운 강의 노하우들 아낌없이 주겠습니다.
8. 어떻게 하면 학습자에게 즐거움? 행복? 메시지? 감동? 희망? 사랑? 을 줄 것인가에 항상 생각하며 공 부하겠습니다.
9. TV보다 책을 더 보겠습니다.
10. 공인이라는 마음으로 솔선수범하겠습니다.
11. 강사의 자존심 아침에 나올 때 신발장에 넣고 나오겠습니다.

# 방탄강사 사관학교
# 방탄강사 자격증

## "국가등록 민간자격"

★ 자격증명: 강사코칭전문가

★ 등록번호: 2022-001741

★ 주무부처: 교육부

★ 자격증 종류: 모바일 자격증

※ 등록하지 않은 민간자격을 운영하거나 민간자격증을 발급할 때에는 [자격기본법]에 의해 3년 이하의 징역 또는 3천만 원 이하의 벌금에 처해진다.

# "국가등록 민간자격증"

★ 자격증명: 강사코칭전문가

★ 등록번호: 2022-001741

★ 주무부처: 교육부

★ 자격증 종류: 모바일 자격증

※ 등록하지 않은 민간자격을 운영하거나 민간자격증을 발급할 때에는 [자격기본법]에 의해 3년 이하의 징역 또는 3천만 원 이하의 벌금에 처해진다.

**자신 분야 삼성(진정성,전문성,신뢰성)을 올리는 최고의 자기계발은 책 출간**

책을 출간한다고 다 전문가가 되는 게 아니다!
하지만 전문가들은 책을 출간한다.
자신 분야 삼성을 단기간에 올리고
시간, 돈 낭비를 줄여주는 최고의 방법이 책 출간이다!
**(진정성, 전문성, 신뢰성)**

자신 분야 삼성(진정성, 전문성, 신뢰성)을 올리는 최고의 자기계발은 책 쓰기, 책 출간입니다. 경력은 스펙이 아니지만 책을 쓰면 강력한 스펙이 됩니다.

지금은 경력이 10년, 20년, 30년... 경력만 있는 사람을 전문가라 말하지 않습니다. 그런 전문가들은 천지빼까리(국어사전: 너무 많아서 그 수를 다 헤아릴수 없을때 쓰는 말)입니다.

경력을 무시하는 게 아닙니다. 전문가의 본질을 말을 하는 것입니다. 경력으로만 전문가라 말하는 시대는 끝났습니다. 지금시대는 가짜 전문가가 너무 많기에 자신 분야 전문책이 있어야 전문가라고 말을 할 수 있습니다.

경력만 있는 사람들 특징은 머리에만 노하우가 많습니다. 머리에 있는 노하우를 책으로 출간 한다라면 진짜 전문가가 되는 겁니다. 자신 분야를 정리를 해서 말만 하는 사람과, 정리해서 책을 출간한 사람 중에 어떤 사람이 더 전문가라고 말 할 수 있을까요?

전문가라고 말을 하려면 증명할 수 있는 자료, 책이 있어야 합니다.

# 경력은 스펙이 아니다!
# 경력만 있는 사람을 전문가라고 하지 않는다!

| | | |
|---|---|---|
| 강사 경력 15년 차<br>전문 분야가 있지만<br>표면적으로<br>증명할 수 있는 것이 없다! |  | 강사 경력 15년 차<br>전문 분야 18개<br>전문 분야 책 18권<br>방탄자기계발 창시자 |

## 강사 경력 15년 차

강사 경력 15년 차

명품 자기계발 책!

강사 경력 15년차인 A라는 강사는 강의 경력 15년이 전부입니다. 표면적으로 보여 줄 스펙이 없다는 것입니다. 그 분을 제가 무시하는 게 아닙니다. 현실을 즉시 해보자는 겁니다.

강사 경력 15년 차인 B라는 강사는 강사를 양성하는 강사 백과사전 2권 출간, 자기계발 책 16권 출간했습니다.

어떤 강사가 더 전문가라고 느껴지십니까? 누구한테 물어 보더라도 자신 분야 전문 책이 있는 사람을 전문가라고 할 것입니다.

지금 시대는 석사, 박사 학위만큼 인정 해주는 것이 자신 분야 전문 분야 책입니다. 책을 다 출간 한다고 전문가가 되지 않습니다. 하지만 전문가들은 자신 분야 책을 3~4권이 있습니다.

그래서 자신 분야 전문가라고 말을 하려면 자신 분야 책을 쓰기 위해서 목숨을 걸어야 합니다.

10년 전보다 책 쓰는 환경이 너무나도 좋아졌습니다. 일반인들이 봤을 때는 책 쓰는 문턱이 너무나도 높아

보이지만 제가 12권을 출간하면서 알게 된 것은 문턱이 그렇게 높지 않다는 것입니다. 속된 말로 강사는 개나, 소나, 고양이나 하듯 책 출간도 개나, 소나, 닭이나 합니다. "이 정도 내용의 책은 나도 쓰겠다. 책 값어치를 못한다." 라고 느끼는 책들이 많아 졌습니다.

오해하지 말고 들으세요! 책 출간을 한 권도 안 한 사람들, 책을 대충 쓴 사람들을 무시하는 게 아닙니다. 냉정하게 현실을 즉시 해보자는 것입니다.

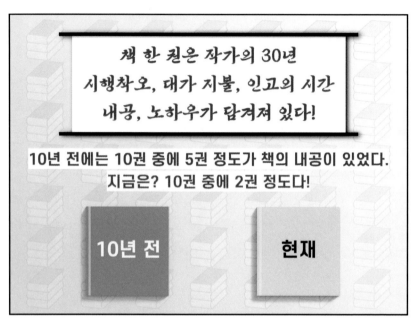

"한 권의 책은 그 사람의 30년 시행착오, 대가 지불, 인고의 시간, 내공이 들어있어 한 권으로 배우는 것이다." 라는 말을 들어봤을 것입니다.

10년 전에는 이 말에 맞게 10권 중에 5권 정도는 내공이 있었습니다. 지금은 10권 중에 1권 ~ 2권 정도만 내공이 담겨져 있습니다.

왜 그럴까요?
책 쓰는 사람이 많아졌고 대충 쓰는 사람이 많아졌다는 것입니다.

책 출간과 책 쓰기가 자신 분야 자기계발 하는데 최고 지만 버킷리스트여서 책을 쓰고 싶다? 팔 목적이 아니 다, 돈 벌 목적이 아니다, 소장하기 위해서 책 쓰고 싶 다? 내 이름 그냥 석자 남기고 싶어서 책 쓰고 싶다? 이런 목표로 책을 쓰고 출간 하는 사람들이 나쁘다고 말하는 게 아닙니다. 오해하지 말고 들으세요!

20,000명 상담, 코칭 하면서 알게 된 것이 대부분 사람 들이 그렇게 책을 써서 100%, 200%, 300% 후회를 한 다는 것입니다. 후회 안 하는 사람도 있습니다. 하지만 대부분 사람들은 처음에는 가벼운 마음으로 책을 출간

했는데 출간한 책으로 수입을 발생 시킬 수 있는 디지털콘텐츠 연결하는 방법을 코칭 받고 나서는 땅을 치고 후회를 한다는 것입니다.

책은 누구나 쓸 수 있지만 아무나 쓸 수 없다는 말이 있습니다. 아무나 쓸 수 없다는 말이 무슨 말일까요?

어떤 의미부여, 목표, 방향으로 쓰냐에 따라서 아무나 쓰냐! 아무나 못 쓰냐! 로 나누어집니다.

인생도 어떤 의미, 목표, 방향에 따라 삶의 질이 완전히 달라지듯이 책 쓰기도 마찬가지라는 것입니다.

의미부여, 목표, 방향 없이 산다고 삶의 질이 안 좋아지는 건 아닙니다. 단언컨대 삶의 질, 인생의 질, 행복의 질이 좋은 사람들 90%는 인생 의미, 목표, 방향이 있다는 것입니다.
책 쓰기도 의미 부여, 목표, 방향이 중요하다는 것입니다.

목표, 방향이 그 무엇보다 중요하다고 알려주는 하버드 대학교에서 연구한 스토리텔링입니다.

얼마나 오래 할 거니?

심리학자 맥퍼슨은 악기를 연습중인 어린이 157명을 추적해 보았다. 9개월쯤 후부터 아이들의 실력이 크게 벌어졌다.

"거참 이상하네, 연습량도 똑같고 다른 조건도 다 비슷한데 도대체 왜 차이가 벌어지는 걸까?"

그는 문득 연습을 시작하기 전 아이들에게 던졌던 질문을 떠올렸다.

"넌 음악을 얼마나 오래 할 거니?"

아이들의 대답은 크게 세 가지였다.

"전 1년만 하다가 그만둘 거예요."

"전 고등학교 졸업할 때까지만 할 거예요."

"전 평생 하며 살 거예요"

아이들의 실력을 비교해 보고 깜짝 놀랐다. 평생 연주할 거라는 아이들의 수준이 1년만 하고 그만둘 거라는 아이들보다 훨씬 높았기 때문이었다.

똑같은 기간 동안 연습을 했는데도 말이다.

- 『왓칭』 김상운, 정신세계사, 2011 -

목표, 방향, 의미부여가 없다고 잘 하는 사람도 있긴 있습니다. 하지만 그 사람들은 극히 0.1% 드물다는 것입니다. 대부분 실력이 향상되고 결과를 내는 사람들 특징이 뭐라고요? 목표, 방향, 의미 부여가 처음부터 잘 되었다는 것입니다.

책 쓰기, 책 출간을 처음부터 "그냥 그냥 내 이름 석 자 남기는 거야! 버킷리스트여서 대충 한 권 출간하고 말거에요! 그냥 소장하기 위해서 쓰는 거예요! 베스트셀러 필요 없어요! 그냥 내 만족이에요!"

이런 의도로 책을 쓴다는 게 나쁘다고 말하는 게 아닙니다. 오해하지 말고 들으세요!

그런 마음으로 책 쓴 사람들이 책 출간을 하고 나서 제2수입, 제3수입을 연결시키려고 코칭을 받다 보니 대부분 후회를 하기 때문에 강조하면서 말을 하는 것입니다. 대충 자기만족으로 그냥 썼는데 책 내공, 책 가치, 책이 주는 메시지가 있겠습니까? 누가 보겠습니까? 보더라도 욕한다는 것입니다. 그래서 어떤 일을 시작할 때, 책을 쓸 때, 책 출간을 하고 나서 자신 분야와 연결시킬 수 있는 고리를 생각하고 책 쓰기, 책 출간을 해야 합니다.

# 취미, 자신 만족으로 끝나는 책 쓰기, 책 출간이 아닌 자신 분야를 무한으로 연결시킬 수 있는 방탄책쓰기!

Google 자기계발아마존　　YouTube 방탄자기계발　　NAVER 방탄자기계발사관학교　　NAVER 최보규

2019 강의 분야　2019 강사 분야　2019 유튜버 시작　2020 멘탈 분야　2020 비대면 코칭

2021 행복 분야　2021 재능마켓　2021 습관 분야　2021 습관 코칭　2021 자존감 분야

2021 자존감 코칭　2021 자존감 분야　2021 자존감 분야　2021 자존감시스템　2021 홈페이지제작

2021 디지털콘텐츠　2021 자기계발 분야　2021 자기계발 분야　2021 자기계발 분야　2021 자기계발 분야

2022 코칭분야　2022 코칭분야　2022 코칭분야　2022 코칭분야　2022 코칭분야　2022 코칭분야

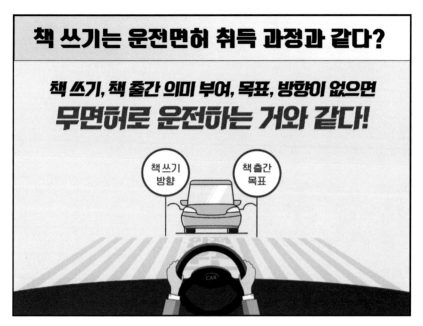

책 쓰기는 운전면허 취득 과정과 같다?

누군가는 운전면허증을 취득하려는 의미부여, 목표, 방향이 남들 다 있기에 별 의미부여, 목표, 방향 없이 운전면허증을 취득 하려고 합니다.

누군가는 운전면허증을 취득하려는 의미부여, 목표, 방향이 가족을 부양하기 위해서 직업을 하기 위해서 먹고 살기 위해서 의미부여, 목표, 방향 설정 후 간절하게 취득하려고 하는 사람이 있습니다.

1차원적으로 단순하게 보면 어떤 사람이 운전면허증을

대하는 태도가 좋을까요? 누구에게 물어보더라도 후자일 것입니다.

그 어떤 것이든 시작할 때 의미부여, 목표, 방향이 있냐, 없냐에 따라서 태도가 580도 달라집니다.

시작하고 생각해라! 행동하고 의미부여, 목표, 방향 만들어라! 이 말을 들으면 어떻습니까? 의미부여, 목표, 방향이 중요한 게 아니라 일단 시작하는 게 중요한 거구나? 이렇게 느껴지시나요?

의미부여, 목표, 방향을 0.1%도 생각 안 하고 일단 시작해야 되는 상황이 있고 의미부여, 목표, 방향을 30% 정도 준비해서 시작해야 되는 상황이 있는 것입니다. 책 쓰기는 특히 30% 의미부여, 목표, 방향을 설정을 해야합니다.

운전면허증을 취득하기 위해서 독학, 운전면허 학원에 등록을 합니다. 필기를 먼저 합격해야 되기 때문에 운전면허 문제집을 먼저 삽니다. 한마디로 운전면허증에 필기 문제와 같은 책 쓰기에 첫 번째로 해야 될 것은 대한민국 5가지 책 출판 개념 장, 단점을 알고 전략적으로 책을 써야 된다는 것입니다.

그런데 안타깝게도 시중에 나온 책 쓰기 책(200권 읽음), 책쓰기 영상(500개 시청)을 보면서 알게 된 것은 책 쓰기 교육, 코칭을 거꾸로 알려주니 거꾸로 하고 있는 사람들이 대부분입니다.

운전면허증에서 필기시험을 통과해야 실기 시험을 볼 수 있는데 실기 시험에만 집착하게 만듭니다. 인고의 시간을 거쳐 나온 소중한 책들이 누군가에 냄비 받침대가 되어 라면 국물이 묻어 쓰레기 취급 받는 책이 많습니다.

"그냥 그냥 대충 이름 석 자 남겨야 되겠다." 그냥 대충 쓰면 냄비 받침대가 되어버린다는 것을 명심하세요!

책 쓰기 의미부여, 목표, 방향을 제대로 설정하고 전략적으로 출간 후 자신 분야 삼성(진정성, 전문성, 신뢰성)을 올리고 돈이 되는 콘텐츠까지 연결시킨다면 자신의 인생과 많은 사람들에게 라면 받침대가 아니라 인생 받침대, 디딤돌이 되어 줄 것입니다.

90%의 책들이 책 출간 3개월 후에 냄비 받침대가 되어

갑니다. 출간한 책으로 디지털 콘텐츠까지 제작을 해서 제 2수입, 제 3수입까지 올릴 수 있는 온라인 건물주가 되어서 월세, 연금성 수익까지 발생시킬 수 있는 책 쓰기, 책 출간을 해야 합니다.

방탄책쓰기 사관학교에서는 "그래, 버킷리스트인 책 한 권 출간했어! 냄비 받침대가 되어 라면 국물이 묻어서 쓰레기가 되어도 좋아." 이런 정신으로 책 쓰기 코칭을 하지 않습니다. 베스트셀러 책이 되는 것도 좋지만 자신, 가족, 소중한 사람들이 봤을 때 베스트라고 할 수 있는 책 출간 코칭을 합니다.
자신 분야와 연결시켜 스펙도 올리고 돈을 벌 수 있는 시스템과 연결시켜 부수입을 올릴 수 있고 부업으로도 할 수 있는 책 출간 코칭을 합니다. 더 나아가 많은 사람들에게 도움을 줄 수 있고 선한 영향력을 끼쳐 동기부여 해 줄 수 있는 책 출간 코칭을 합니다.

책 쓰기, 책 출간 교육, 코칭은 누구나 합니다. 자신 분야 연결 월세, 연금성 수입을 올릴 수 있는 책 쓰기, 책 출간은 방탄책쓰기 사관학교에서만 할 수 있습니다.
20,000명을 상담, 코칭 하면서 알게 된 방탄 책쓰기 5단계 시스템!

1단계: 책 쓰기, 책 출간 의미 부여, 목표, 방향 설정
　　　　(5가지 책 출판 장단점)

2단계: 7G(원고, 투고, 퇴고, 탈고, 투고, 강의, 강사)

3단계: 온라인 콘텐츠 연결 기획, 제작 (월세 수입)

4단계: 디지털 콘텐츠 연결 기획, 제작 (연금성 수입)

5단계: 자신 분야 연결! 제2수입, 제3수입 창출 자동 시스템 기획, 제작

# 수입 자동 시스템을 만드는 책 쓰기, 책 출간

자고 있는데 돈을 버는 시스템?

| 인세 | 재능마켓 수입 | 강사료 | 온라인 콘텐츠 월세 수입 | 디지털 콘텐츠 연금성 수입 |

## 방탄책쓰기 사관학교

방탄책쓰기 사관학교는 함께 잘 먹고 잘 살기 위한
책쓰기 교육, 코칭을 합니다.
방탄책쓰기 사관학교는 1회 성 책 쓰기 교육, 코칭이 아닌
우주 최강 책임감인 150년 A/S, 관리, 피드백 해 드립니다.

# 최보규의 책쓰기 9G

## ✔ 일시, 시간 ━━━━━━━━

▶ 수시 모집 (상담)

▶ 13:00 ~ 18:00 (기본 5시간)
  시간 조정 가능!(10H, 15H, 20H)

## ✔ 내용 ━━━━━━━━━━

1. 책 쓰기, 책 출간 의미 부여, 목표, 방향 설정
   (5가지 책 출판 장단점)
2. 7G(원고, 투고, 퇴고, 탈고, 투고, 강의, 강사)
3. 온라인 콘텐츠 연결 기획, 제작
4. 디지털 콘텐츠 연결 기획, 제작
5. 자신 분야 연결! 제2수입, 제3수입 창출 시스템 기획, 제작

## ✔ 자기계발 비용, 인원 ━━

▶ 비용 상담

▶ 1:1 코칭(온,오프라인)

## ✔ 장소, 상담 ━━━━━━━

▶ 장소 상담 후 상황에 따라 변동 사항

▶ 한 번의 상담이 인생 터닝포인트

150년 A/S, 관리, 피드백

최보규 원장 010-6578-8295

# 방탄책쓰기 사관학교
# 시스템 사용설명서

## 시스템 소개

### 4차 산업 시대에 맞는 4차 책쓰기로 업데이트!

자신, 가족, 지인, 많은 사람들에게 읽히고 3대까지 가는 책 그냥 쓰면 안됩니다. 책 쓰는 의미 부여, 목표, 방향을 제대로 잡아 힘든 시기 제2의 수입, 제3의 수입을 올릴 수 있는 전문 분야 책쓰기로 자신 분야 삼성 (진정성, 전문성, 신뢰성)을 올려야 합니다.

1차, 2차 책 쓰기는 아무나 못 쓰는 책이었고 3차 때는 누구나 쓸 수 있는 책이었다면 4차 책 쓰기는 자신 분야 삼성을 올릴 수 있는 책 쓰기, 책 출간이 되어야 합니다. 월세, 연금성 수입이 들어올 수 있는 콘텐츠 책 쓰기가 되어야 합니다.

## 01 교육.강의.코칭 목적 및 기대효과

 책 쓰기, 책 출간의 본질은 5가지 출판 장단점과 7G(초보, 원고, 퇴고, 탈고, 투고, 강의, 강사)를 학습, 연습, 훈련을 통해 자신 분야 삼성(진정성, 전문성, 신뢰성)을 올 릴 수 있는 효과.

빠르게 변하는 시대, 힘들고 점점 더 어려워지는 환경 속에서 방탄책쓰기 사관학교에서 책 쓰기, 책 출간 교육, 코칭으로 온라인 콘텐츠까지 연결시켜 본업 외에 제2수입, 제3수입을 발생시킬 수 있는 효과

 ## 02 교육.강의.코칭 항목

1단계: 책 쓰기, 책 출간 의미 부여, 목표, 방향 설정
     (5가지 책 출판 장단점)
2단계: 7G(원고, 투고, 퇴고, 탈고, 투고, 강의, 강사)
3단계: 온라인 콘텐츠 연결 기획, 제작 (월세 수입)
4단계: 디지털 콘텐츠 연결 기획, 제작 (연금성 수입)
5단계: 자신 분야 연결 제2수입, 제3수입 창출 자동 시스템 기획, 제작

**03** 방탄책쓰기사관학교 신청 대상 세부 내용

## 방탄책쓰기사관학교

- 자기계발을 시작하고 싶은 분.
- 4차 책쓰기 업그레이드를 통해 자신 분야 변화, 성장하고 싶은 분
- 책쓰고 자신 분야 전문가 되어 강사가 되고 싶은 분
- 1,2,3,4,5단계 4차 책쓰기를 배워 자신 분야 삼성(진정성, 전문성, 신뢰성)을 업데이트해서 자신분야 가치, 몸 값어치를 올리고 싶은 분
- 방탄자기계발사관학교 지회장이 되어 9가지 사관학교를 운영, 대한민국 노벨상인 최보규상 임원진이 되고 싶은 분

 **04** 교육. 강의. 코칭 항목

🔊 교육 시간은 변동사항 있을 수 있습니다!

| 구분 | 주제 | 강의내용 | 시간 |
|---|---|---|---|
| 방탄책쓰기<br>사관학교 | 1단계 | 책 쓰기, 책 출간 의미 부여, 목표, 방향 설정<br>(5가지 책 출판 장단점) | 1H<br>~<br>10H |
| | 2단계 | 7G(원고, 투고, 퇴고, 탈고, 투고, 강의, 강사) | 1H<br>~<br>10H |
| | 3단계 | 온라인 콘텐츠 연결 기획, 제작 | 1H<br>~<br>10H |
| | 4단계 | 디지털 콘텐츠 연결 기획, 제작 | 1H<br>~<br>10H |
| | 5단계 | 자신 분야 연결 제2수입, 제3수입 창출 시스템 기획, 제작 | 1H<br>~<br>10H |

## 책 쓰기 3가지만 준비하면 끝!

20,000명 상담, 코칭 데이터! 사실 각자마다 기준이 다를 수 있으므로 삼성(진정성, 신뢰성, 전문성)이 검증된 사람이 말할지라도 맹신은 금물!

**01**

5가지 출판 족보를 모르면 책 쓸 자격 없다!

사람에게 족보가 있듯 출판의 5가지 족보!

기획출판, 공동기획출판, 자비출판, 대필출판, 독립출판

돈, 시간을 아껴준다.
중요 ★★★★★★★

책 쓰기 중요한 3가지

## 책 쓰기 3가지만 준비하면 끝!

20,000명 상담, 코칭 데이터! 사실 각자마다 기준이 다를 수 있으므로
삼성(진정성, 신뢰성, 전문성)이 검증된 사람이 말할지라도 맹신은 금물!

**02**

> **7G를 알아야 책 쓰기가 편하다!**
> 초고, 원고, 퇴고, 탈고, 투고, 강의, 강사

작가 직업, 강사 직업
두 마리 토끼 잡는다.
중요 ★★★★★★★

---

책 쓰기 중요한 3가지

## 책 쓰기 3가지만 준비하면 끝!

20,000명 상담, 코칭 데이터! 사실 각자마다 기준이 다를 수 있으므로
삼성(진정성, 신뢰성, 전문성)이 검증된 사람이 말할지라도 맹신은 금물!

**03**

> 한번 코칭으로 150년 A/S, 관리, 피드백 받을 수 있는 전문가 선택!
>
> 대한민국 대부분 코칭 95%가 한번 코칭 하면 끝나고
> 가장 중요한 관리를 해주지 않는다. 늘 그때뿐인 교육, 코칭이 된다!

돈, 시간을 아껴준다.
중요 ★★★★★★★

# 책 출간 준비 3가지만 하면 끝!

20,000명 상담, 코칭 데이터! 사실 각자마다 기준이 다를 수 있으므로
삼성(진정성, 신뢰성, 전문성)이 검증된 사람이 말할지라도 맹신은 금물!

**01**

### 책 홍보 마케팅 전략!

인고의 시간을 거쳐 나온 1조의 가치가 있는 자신 책이 홍보를
못 해서 책 출간 후 99%가 3개월 안에 냄비 받침이 되어 생을 마감한다.

돈, 시간을 아껴준다.
중요 ★★★★★★

---

# 책 출간 준비 3가지만 하면 끝!

20,000명 상담, 코칭 데이터! 사실 각자마다 기준이 다를 수 있으므로
삼성(진정성, 신뢰성, 전문성)이 검증된 사람이 말할지라도 맹신은 금물!

**02**

### 저자라면 자신 책 강의는 필수!

2시간 특강 강의 교안 만들기! 자신 책 강의 교안을 비전 떨어지게 만들고 강의
를 못 해서 자신 책을 죽이는 작가, 강사가 90%

작가 직업, 강사 직업
두 마리 토끼 잡는다.
중요 ★★★★★★

책 0월 0일 출간 예정일에서 중요한 3가지

# 책 출간 준비 3가지만 하면 끝!

20,000명 상담, 코칭 데이터! 사실 각자마다 기준이 다를 수 있으므로
삼성(진정성, 신뢰성, 전문성)이 검증된 사람이 말할지라도 맹신은 금물!

**03**

한번 코칭으로 150년 A/S, 관리, 피드백 받을 수 있는 전문가 선택!

대한민국 대부분 코칭 95%가 한번 코칭 하면 끝나고
가장 중요한 관리를 해주지 않는다. 늘 그때뿐인 교육, 코칭이 된다!

돈, 시간을 아껴준다.
중요 ★★★★★★★

책 출간 후 중요한 3가지

# 책 출간 준비 3가지만 하면 끝!

20,000명 상담, 코칭 데이터! 사실 각자마다 기준이 다를 수 있으므로
삼성(진정성, 신뢰성, 전문성)이 검증된 사람이 말할지라도 맹신은 금물!

**01**

## 책 홍보 마케팅 전략!

책 홍보전략을 통해 꾸준히 개인 SNS 노출 할 책 내용 요약 디자인 작업
(100개 이하), 최소의 비용으로 최대 효과를 낼 수 있는 유튜브 홍보

돈, 시간을 아껴준다.
중요 ★★★★★★★

# 책 출간 준비 3가지만 하면 끝!

20,000명 상담, 코칭 데이터! 사실 각자마다 기준이 다를 수 있으므로
삼성(진정성, 신뢰성, 전문성)이 검증된 사람이 말할지라도 맹신은 금물!

**02**

## 책 분야 전문성 만들기!

책 전문분야 1개월 ~ 6개월 교육할 커리큘럼, 시스템을 만들어 책을 교재로
활용해서 자신 분야 삼성(진정성, 전문성, 신뢰성)을 만들고 강사료를 올리자.

작가 직업, 강사 직업
두 마리 토끼 잡는다.
중요 ★★★★★★★

책 출간 후 중요한 3가지

# 책 출간 준비 3가지만 하면 끝!

20,000명 상담, 코칭 데이터! 사실 각자마다 기준이 다를 수 있으므로
삼성(진정성, 신뢰성, 전문성)이 검증된 사람이 말할지라도 맹신은 금물!

**03**

한번 코칭으로 150년 A/S, 관리, 피드백 받을 수 있는 전문가 선택!

대한민국 대부분 코칭 95%가 한번 코칭 하면 끝나고
가장 중요한 관리를 해주지 않는다. 늘 그때뿐인 교육, 코칭이 된다!

돈, 시간을 아껴준다.
중요 ★★★★★★★

## 책 줄간 햇는데...그 다음은?

# 책 줄간 후 가장 먼저 해야 할 3가지!

출판계의 로또 기획출판(1000~3000만 원 투자 받음) 아닌 이상 저자가 다 해야 된다.
책 스타트업은 이렇게 시작된다.

처음부터 공들여야해..
이곳 저곳 하나하나

**01 책(신생아)키우기**

꾸준히 관심, 사랑을
받기 위해 페이지별로
이미지 제작해서
SNS 노출

이 책은 OOO 입니다!
많이 사랑해주세요!

**02 마케팅 하기**

책 분야
강의 교안 작업 홍보
이미지 제작
홍보 영상 제작

응.. 여기서 이 정도
연결시켜 소득 지속화!

**03 전문성 연결**

책 분야 교육, 코칭
커리큘럼, 제안서
전문분야 자격증
만들어 몸값 올리기

---

**스타트업 마케팅 사례**

# 유튜브 홍보, 마케팅 전략사례 1

최소의 비용으로 최대 효과
지속적인 마케팅 사례를 알아보자!
인세 발생, 강의 의뢰, 코칭 의뢰, 전문성 홍보
일반 강사, 작가 보다 차별화 스펙 어필!

5 ~ 10가지 연결고리가 생겨 단타에 끝나지 않고
영상 삭제하기 전까지 지속적 연결된다!(100년)

## 01 행복히어로 (출간일 2021. 01. 17)

▶ 유튜브 업로드 한번 끝!
▶ 조회 수 : 4,280회 (꾸준히 노출)
▶ 인세 발생, 강의 의뢰, 코칭 의뢰, 전문성 홍보..
▶ 한 번의 영상 제작, 홍보로 10가지 연결고리

# 유튜브 홍보, 마케팅 전략사례 2

**최소의 비용으로 최대 효과**
**지속적인 마케팅 사례를 알아보자!**
인세 발생, 강의 의뢰, 코칭 의뢰, 전문성 홍보
일반 강사, 작가 보다 차별화 스펙 어필!

5 ~ 10가지 연결고리가 생겨 단타에 끝나지 않고
영상 삭제하기 전까지 지속적 연결된다!(100년)

## 02 나다운 방탄습관블록 (출간일 2021. 06. 07)

▶ 유튜브 업로드 한번 끝
▶ 조회 수 : 14,901회 (꾸준히 노출)
▶ 인세 발생, 강의 의뢰, 코칭 의뢰, 전문성 홍보..
▶ 한 번의 영상 제작, 홍보로 10가지 연결고리

---

# 책 출간 스타트업 지원 정책

## 함께 잘 먹고 잘 살기 위해 지원금 드립니다!

책 쓸 아이템은 없지만 책을 쓰고 싶은데?
책 쓸 아이템 있는데? 어떻게 시작해야 할지 막막하다면?
코칭비, 출간 비용이 부족하다면? 맞춤 상담과 지원금 신청하세요!

| | |
|---|---|
| 책 쓰기 시작 하고 싶은 분 7G 스타트업 | 지원금 50% 적용해서 반값에 코칭! 기본 1회 5H (2회 ~ 5회 선택가능) |
| 책 출간 0월 0일 예정일 받은 분 계획적 책(신생아) 출산 준비 | 지원금 50% 적용해서 반값에 코칭! 책 2시간 특강 강의 교안 작업 완성될 때까지, 프로필 사진 페이지별 이미지 작업, 홍보 이미지, 홍보 영상 작업 (샘플 참고) |

# 책 출간 스타트업 지원 정책

## 함께 잘 먹고 잘 살기 위해 지원금 드립니다!

책 쓸 아이템은 없지만 책을 쓰고 싶은데?
책 쓸 아이템 있는데? 어떻게 시작해야 할지 막막하다면?
코칭비, 출간 비용이 부족하다면? 맞춤 상담과 지원금 신청하세요!

책 출간한 작가,
강사분
책 심폐소생술

지원금 50% 적용해서 반값에 코칭!
책 2시간 특강 강의 교안 작업 완성될 때까지
(강의 흐름 설명), 프로필 사진 제작, 페이지별
이미지 작업, 홍보 이미지, 유튜브 홍보 영상
작업. 작가, 강사 카톡 프로필, 홍보 영상 작
업, 제작한 영상으로 네이버TV, 카카오TV, T
스토리, 페이스북 페이지 동시 홍보.
(샘플 참고)

검증된 책 쓰기, 책 홍보 전문가

"세계 최초" 한번 코칭으로 150년 a/s, 관리, 피드백 상담받으세요!
최보규 원장 010-6578-8295

# 저자 특강 2시간 강의교안 제작 샘플

## 책 표지, 책 내용으로 맞춤 디자인 제작, 변경 가능!

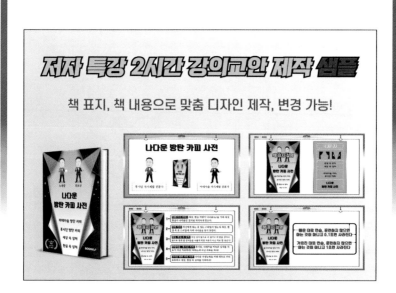

# 책 개인 프로필 홍보 이미지 샘플

## 책 표지, 책 내용으로 맞춤 디자인 제작, 변경 가능!

147

책 쓰려는 분! 작가님들! 저서 있는 강사님들!
자신 책  강의 트랜드에 맞는
교안 작업, 트레이닝? 힘드시죠?
담당자, 청중이 좋아하는 교안 작업, 트레이닝 힘드시죠?
강의를 못해서 자신 책, 소중한 책
3대까지 가는 책을 더는 죽이지 마시고 심폐소생술 시작!

책 쓰실 분, 작가님, 저서 있는 강사님들
자신 책 값어치, 강사료 올리고
온라인 콘텐츠 제작으로 수입 발생
자동 시스템을 연결시켜드립니다.

# 방탄책쓰기 사관학교

# 방탄책쓰기 자격증

## "국가등록 민간자격"

★ 자격증명: 자기계발코칭전문가

★ 등록번호: 2021-005595

★ 주무부처: 교육부

★ 자격증 종류: 모바일 자격증

※ 등록하지 않은 민간자격을 운영하거나 민간자격증을 발급할 때에는 [자격기본법]에 의해 3년 이하의 징역 또는 3천만 원 이하의 벌금에 처해진다.

# "국가등록 민간자격증"

★ 자격증명: 자기계발코칭전문가

★ 등록번호: 2021-005595

★ 주무부처: 교육부

★ 자격증 종류: 모바일 자격증

※ 등록하지 않은 민간자격을 운영하거나 민간자격증을 발급할 때에는
[자격기본법]에 의해 3년 이하의 징역 또는 3천만 원 이하의 벌금에 처해진다.

# 자신 분야 책 쓰기, 책 출간이 자기계발 0순위 라면

# 유튜버는 1순위다!

## 유튜브는 자신 100년 인생 파이프라인!

▶ 파이프라인: 시간, 환경 제약 없이 지속적인 소득이 일어난다!

지금 시대 유튜브　　　선택이 아닌 필수

## 자신 분야를 무한 대로 연결시켜 준다!

최보규
방탄자기계발 전문가
유튜브 도구 활용!

| 강의섭외 | 강사 1:1 코칭 | 강사양성 | 자기계발 코칭 | 책(인세) | 책 출판 | 기회,홍보 | 사람 연결 | 자신분야 | 가능성 |
| --- | --- | --- | --- | --- | --- | --- | --- | --- | --- |

자신 분야 책 쓰기, 책 출간이 자기계발에 0순위라면 유튜버는 1순위 입니다. 자신 분야 최고의 수입 플랫폼 연결 고리가 되어 자신 분야를 무한대로 연결시켜 줍니다.

필자가 유튜브로 수입을 창출했던 방법 참고하세요!
강의, 강사 섭외, 1:1코칭, 자기계발 코칭을 기획한 영상으로 책을 출간해서 인세가 발생했습니다. 불특정 다수 사람들과의 연결로 인해 기회, 홍보, 가능성이 무한대라는 것입니다. 제가 자기계발을 폭팔 시켰던 계기가 유튜버를 시작해서입니다.

유튜브 하기 전에는 컴맹이었습니다. 영상 편집 1도 몰랐던 사람이었습니다. 영상 편집, 디자인 제작을 독학으로 마스터하고 2022년 기준 유튜브 4년 차, 유튜브 4년 동안 유튜브 자체로는 수익 창출을 못해서 광고 수입은 0원입니다. 4년 동안 영상 300 ~ 400개 올렸는데 수익 창출이 없었습니다. 이런 상황이라면 10,000명 중에 10,000명은 셔터문을 내렸을겁니다.

필자는 어떻게 버텼을까요? 어떻게 지금도 하고 있을까요? 수입 발생 연결 고리, 동기부여, 의미부여, 목표, 방향 설정을 다르게 했기에 살아남을 수 있었다는 것입니다. 앞에서 말했던 의미부여, 목표, 방향이 중요하다고 강조! 강조! 하는 것입니다.

유튜브 4년 하면서 12권의 책이 나왔습니다. 유튜브를 했기에 12권의 책을 출간 할 수 있었습니다.

앞으로 디지털 시대, 비대면 시대가 더 활성화되면 되었지 덜 하지는 않습니다. 자신 분야 영상 편집, 디자인, 디지털 콘텐츠 제작 파워포인트는 기본적인 스펙이며 필수 스펙이 되었습니다.

전문 분야가 있는데 영상 편집, 홍보 디자인, 파워포인트를 못한다? 영상 콘텐츠 제작을 못한다? 전문가라고 말을 하면 안됩니다. 쪽팔리고 자존심 상해야 되며 위기 의식을 가져야 합니다.

지금 트렌드를 잘 봐야합니다. 유튜브, 페이스북, 인스타그램, 네이버 블로그, SNS, 자신 분야 홍보 디자인 제작, 재능마켓, 홍보 디자인, 광고 디자인, 영상, 화려한 디자인들이, 화려한 사진들이, 화려한 이미지들이 하루 만해도 어마어마하게 쏟아지고 있습니다.

지금 대부분 사람들이 화려한 이미지에 노출이 많이 되

어 있어서 이미지 없이 텍스트만 있는 것은 무시하고 쳐다 보지도 않는 트렌드입니다. 쳐다보지 않는다는 게 뭐에요? 쓰레기 취급한다는 것입니다.

이런 상황에서 언제까지 돈 주고 전문가에게 의뢰 할 것인가요? 제작의뢰 하는 것도 한계가 있는 것입니다. 전문 분야가 있고 프리랜서라면 자신 분야 디자인 작업 과 홍보 디자인 작업을 계속해야 합니다.

다시 한번 강조 합니다! 디지털 시대를 살아남기 위한

필수 스펙은 영상 편집 기술, 홍보 디자인 제작 기술, 디지털 콘텐츠 제작 기술!
자신 분야 삼성(진정성, 전문성, 신뢰성)을 올리기 위한 필수 스펙 3가지 1:1 코칭 상담 받으세요.

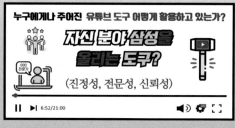

누구에게나 주어진 유튜브라는 도구를 누군가는 비교, 불만, 시간 때우는 도구로 사용하여 정신, 멘탈, 자존감을 배터리를 깎아 먹는지도, 방전 되는지도 모르고 계속 시청하고 있습니다.

누군가는 언택트 시대, 비대면 시대를 극복하기 위해 "더 이상 미루면 안 돼! 어떻게 하면 할 수 있을까?" 라는 태도로 "컴맹이지만, 마우스만 움직일 줄 알지만" 그럼에도 불구하고 행동하고 배우려 합니다.

누군가는 유튜브를 자신 분야를 연결시켜 수익 10배 올리는 도구로 사용을 하고 있습니다.

여러분들은 유튜브라는 도구를 어떻게 사용하고 있습니까?

시행착오, 리스크을 줄이려면 도구 사용 설명서를 봐야 합니다. 사용 설명서가 없다면 독학, 시행착오, 대가 지불, 인고의 시간 등이 있습니다. 돈, 시간들이 어마어마하게 들어갑니다.

3~4년 전만 해도 "유튜브 개나 소나 닭이나 아무나 시

작 할 수 있다, 아무나 한다." 라는 인식이 있었습니다.

하지만 유튜버는 개나 소나 닭이나 아무나 한다고 말하면서 정작 그런 말을 하는 사람이 유튜버를 하고 있지 않다라면 개나 소나 닭보다 못한다는 존재가 된다는 것을 알아야 합니다.

지금 유튜브 개나 소나 닭이나 못합니다. 아무나 못 하는 트렌드로 가고 있습니다. 공영 방송보다 유튜브 시청 시간이 더 많다 보니 전문 분야 사람들, 인지도 있는 사람들, 연예인들, 공영 방송들 조차도 유튜브를 하고 있는 상황입니다. 아무나 못하기에 이제 더더욱 기회가 있는 것입니다. 이제는 유튜브를 오래 지속하려면 유튜버가 아닌 나튜버가 되어야 합니다. 나튜버가 뭘까요?

유튜브 하면 1년만에 그만두지만 나튜브 하면 150세까지 한다!

6:52/21:00 ▶ YouTube ▶ ITube

▶ YouTube
구독자 주체 70%
자신 주체 30%
(채널 목표, 방향, 의미 부여 30%)

6:52/21:00

▶ ITube
구독자 주체 30%
자신 주체 70%
(채널 목표, 방향, 의미 부여 70%)

6:52/21:00

나튜브? 유튜브(구독자 주체 70%, 자신 주체 30%)가치관, 방향, 목표로 하면 1년도 못 가지만 나튜브(구독자 주체 30%, 자신 주체 70%)가치관, 방향, 목표로 하면 150년을 합니다.

350만, 250만, 200만, 100만, 50만, 10만, 5만... 구독자를 가지고 있었던 유튜버들이 유튜브를 떠난 이유? 일반 사람들 상식으로는 이해가 되지 않을 것입니다. "구독자가 그렇게 많은데 돈을 많이 벌 텐데 왜? 그만두지?"

유튜브를 그만 두는 이유는 가지각색이지만 많겠지만 20,000명을 상담, 코칭 하면서 알게 된 것은 나튜버가 아닌 유튜버를 했기 때문에 그만두는 경우가 더 많습니다.

자신을 위해서 유튜브를 해야 되는데 구독자를 위해서 하고 있다는 것입니다. 유튜브를 나를 위해서 무조건 100% 하라는 말은 아닙니다. 나튜브의 개념을 잘 알아야 합니다.

나튜브는 자신이 주최가 되는 것이고 유튜브는 보는 사

람들이(구독자) 주최가 되는 것입니다. 나튜브 뜻은 유튜브 구독자들, 시청자들을 무시하라고 말하는 게 아닙니다.

자신이 추구하는 가치관 방향성이 70% 라면 시청자가 구독자가 바라는 피드백, 요구사항은 30%만 생각을 해야 합니다. 하지만 반대로 하고 있습니다.

신청자, 구독자들이 말하는 거에 70% 휘둘리니 당연히 멘탈이 깨지는 게 정상이라는 것입니다.

나다움의 본질이 뭔지 아십니까? 대부분 사람들이 잘못 알고 있습니다. 내 멋대로 하는 거, 주위 사람 의식 안하고 내 성격대로 하는 게 나다움이라고 잘못 알고 있습니다.

나다움 본질의 기본은 사람의 도리 (인성, 매너, 개념, 함께 잘 살기 위한 행동)를 지킬 때 시작 되는 것입니다.

나튜브의 본질은 사람의 도리(인성, 매너, 개념, 함께 잘 살기 위한 콘텐츠)를 지키며 자신이 추구하는 방향, 목표를 잃지 않고 하는 것입니다.

유튜브를 하면 1년 안에 90%는 그만둡니다. 나튜브를 하면 150년 지속 할 수 있습니다. 방탄유튜버 사관학교에서는 유튜버가 아닌 150년을 지속 할 수 있는 나튜버! 교육, 코칭을 합니다.

##  나튜버 20가지 시스템!

0. 나사(나튜브 사명감), 목표, 방향 정하기

1. 유튜브 계정 만들기

2. 채널이름 정하기

3. 채널 만들기 (개인 계정, 브랜드계정)

4. 채널아트, 프로필 사진, 로고

   (집 외부 인테리어, 현관문, 사람 얼굴)

5. 영상 콘셉트, 기획 1

6. 영상 콘셉트, 기획 2

7. 촬영

8. 편집 프로그램

9. 편집

10. 영상 업로드

11. 영상 업로드 1년 목표 50개 / 100개

12. 홍보

13. 시청 시간 늘리기, 구독자 늘리기, 조회수 늘리기 채널 성장..

14. 돈은 무조건 번다. 연결하는 방법을 모를 뿐! 유튜브 멘탈 1

15. 돈은 무조건 번다. 연결하는 방법을 모를 뿐! 유튜브 멘탈 2

16. 왕관을 쓰려는 자 그 무게를 견뎌라! 유튜브 멘탈 3

17. 악성 댓글 차단 활용!

18. 유튜브 슬럼프, 유튜브 권태기 변화하지 않는 신의 벌칙!

19. 자신 분야 최소의 비용으로 최고의 효과 유튜브 플랫폼

20. 유튜브는 내 인생의 천재일우

# 나튜브 20가지 시스템!

0. 나사(나튜브 사명감), 목표, 방향 정하기

- 자신 분야 유튜브 채널 10개 이상 분석, 콘텐츠 방향, 책 3권 이상 보기)

1. 유튜브 계정 만들기

2. 채널이름 정하기

- 수정 가능(3개월), 자신 이름과 같음, 모든 방향성 의미 채널 가치관

3. 채널 만들기 (개인 계정, 브랜드계정)

4. 채널아트, 프로필 사진, 로고 (집 외부 인테리어, 현관문, 사람 얼굴)

5. 영상 콘셉트, 기획 1

- 파워포인트, 대본 작업, 저작권 피하기 위해 유료 사용(사진, 배경 음악) 내 영상 타깃층 파악, 잘 나가는 유튜버 영상 보고 공부, 인트로를 남들과 다르게 나다운 영상 기획

6. 영상 콘셉트, 기획 2

- 빔프로젝트, 모니터, 프롬프터 가격 100만 원 / 10만 원, 얼굴만 안 나오게, 목소리만 나오게, 옆 모습, 정면, 썬글라스, 고글, 인형 탈, 타이거 마스크, 마스크, 의상, 의자, 일어나서, 이미지, 화장, BB, 성형, 시술...

7. 촬영

- 카메라(스마트폰, 캠코더, 웹캠), 마이크(야외, 실내), 조명(있고 없고는 지구와 태양 차이), 삼각대, 집, 사무실, 대여

8. 편집 프로그램

- 키네마스터 어플(스마트폰) 편집 프로그램
- 곰믹스 프로(영구사용 39,000원): 가장 쉽게 독학할 수 있는 프로그램.

★ 스마트폰 어플 편집 프로그램보다 PC 편집 프로그램을 추천합니다.(티코와 벤츠 차이처럼 영상, 디자인 퀄러티가 다름)

9. 편집

- 영상 편집(지구와 태양 차이), 배경 음악(군과 특별시 차이, 저작권)자막(지구와 태양 차이, 저작권), 사진 삽입(저작권)효과(효과음, 예능 자막 편집 시간 2배 걸림, 콘텐츠에 따라 다름)

10. 영상 업로드

- 공개, 일부 공개, 비공개, 제목, 설명, 태그, 댓글, 썸네일, 재생목록
- 썸네일(호기심 유발 50%, 정보 전달 50%, 소개팅 얼굴, 낚시질 안됨, 파워포인트 작업(유료 프로그램 추천), 영상 100개 목표 1주일 하나.

11. 영상 업로드 1년 목표 50개 / 100개

- 1년 동안 영상 100개 52주*2개 / 1년 동안 영상 50 개 52*1개. 50개 영상을 기획, 편집, 업로드 해봐야. 아~~~ 내 스타일, 유튜브 감이 온다!(돈은 안되지만) 사람마다 다르지만 어떤 일을 하는데 인고의 시간, 인계점을 넘어서야만 성장, 변화, 오래 지속하는 근육이 만들어진다는 것을 명심해야 한다.

자신의 스타일이 제대로 나왔을 때 기획한 영상 내용전달이 잘 된다. 그 전에는 수습 기간이다. 그래서 처음부터 자신분야 홍보, 영상을 하면 손해다. 내 스타일이 안 나온 상태에서 자신 전문분야 홍보는 안하는 것만 못하다.

## 12. 홍보

- 구걸이 아니라 사람을 살리는 영상, 함께 잘 되기 위한 영상, 피가 되고 살이 되는 영상이라는 마음으로 만나는 사람, SNS 활용, 네이버 블로그, 티스토리, 페이스북 페이지, 카카오TV, 네이버TV, 카카오톡, 밴드 인스트그램, 카카오스토리, 청중, 교육 담당자, 명함, 강사 프로필...

## 13. 시청 시간 늘리기, 구독자 늘리기, 조회수 늘리기 채널 성장

- 50개 이하 영상을 올려놓고 채널 분석을 한다? 기본 100개 이상은 올려놓고 자신 채널 분석, 시청 시간, 구

독자, 조회수 공부하기 위해 유튜브에서 찾아보기.

## 14. 돈은 무조건 번다. 연결하는 방법을 모를 뿐! 유튜브 멘탈 1

- 영상 50개 되기 전까지는 닥고! 영상 50개면 50레벨이다. 유튜브는 만렙이 없다! 영상 개수에 따라 자신분야도 같이 성장, 변화, 업그레이드가 되어야 오래 유지를 할 수 있다. 300만 구독자 채널도 하루 아침에 끝나는 상황도 생긴다. 그 이유는 인성, 자존감, 멘탈 때문에 끝난다. 준 연예인이다. 영상에서 보여주는 모습들대로 살려고 노력해야 오래 유지를 할 수 있는 것이다. 유튜브에서 보여주는 모습과 자신 삶과 차이가 너무 많이 나버리면 인스턴트 유튜버가 되어 버립니다.

## 15. 돈은 무조건 번다. 연결하는 방법을 모를 뿐! 유튜브 멘탈 2

- 유튜브를 그만두는 가장 큰 이유는 수익이 발생 하지 않아서가 아니다. 수익을 발생하기까지 버틸 수 있는 멘탈관리를 못해서 그만둔다. 수익이 발생 안되는 상황, 동기부여가 안되는 상황에서 오로지 광고수익만 바라보고 있다? 10만 구독자 한달 수입이 평균 몇 십만 원? 이라면? 멘붕이 온다. 멘탈을 잡기 위해서는 자신분야 연결고리, 동기부여로 멘탈관리를 해야 된다. 구독자가 많다고 수익이 보장되지 않는 게 유튜브 구조이다.

- 악성 댓글? 비난? 모욕? 멘탈, 자존감 붕괴로 인한 상처? 뭘해도 욕하는 사람이 있다. 1~100가지 다 태클을 건다. 연예인이 악성 댓글로 인해 극단적인 선택을 하는 이유를 간접적으로 알게 된다. 그래서 끊임없이 멘탈관리를 해야 한다. 그만큼 유튜브 플랫폼이 자신분야 수익을 1000배 올려 줄 수 있는 양날의 검을 알아야 한다. "성공하고 싶어요. 노력하기는 싫어요?" 악성댓글, 모욕, 치욕, 인격모독은 듣기 싫어요. 하지만 유튜브로 돈은 많이 벌고 싶어요?

- 그 사람만 차단, 적응될 때까지 3개월까지는 전체 댓글을 못 달게 막아 놓자. 유튜브 멘탈이 생기기 전까지 사소한 피드백 말도 상처를 받는다. 댓글은 계속 차단할 수도 있지만 댓글은 구독자와의 만남, 인연, 관계 소통하는 곳이다. 물어보는 댓글에는 삼성(진정성, 전문성, 신뢰성)을 느끼게 달아 준다면 그 댓글을 보는 다른 구독자들도 삼성(진정성, 전문성, 신뢰성)을 느껴 유튜브 속에 만남, 인연, 관계가 이루어져 자신의 채널에 충성하게 된다.

- 구독자, 조회수가, 광고수익이 오로지 목표가 되버리면 빨리 지친다. 구독자, 조회수 의식을 안 할 수는 없다. 집착이 아닌 어느정도 의식만 하면서 자신분야 배움, 변화, 성장, 꾸준함이 있어야 유튜브 슬럼프, 권태기가 오더라고 금방지나 간다. 정체기가 계속 생기며 슬럼프, 권태기 계속 온다. 누군가는 극복을 못해서 그만두는 계기가 되고 누군가는 평상시 꾸준히 배움, 변화, 성장을 유지해서 극복한다.

## 19. 자신 분야 최소의 비용으로 최고의 효과 유튜브 플랫폼

- 돈을 들여 홍보하는 것은 한계가 있다. 잘 된다면 계속할 수 있지만 그렇게 되지 않는다. 투자금에 비해 효과가 적다. 유튜브 꾸준히만 한다면 채널 자체가 홍보 플랫폼이 되어 준다. 장비는 조금씩 준비를 하면 어느 시점에서는 자신의 노력만 들어간다.

업로드한 영상들은 누적되어 100년 동안 홍보 플랫폼이 되어준다. 기존 홍보 보다는 빠른 시간에 홍보가 되지는 않지만 장기적으로 봤을 때는 유리하다.

## 20. 유튜브는 내 인생의 친재일우

- 유튜브를 하면서 책 1,000권 본 것과 같은 자자자자멘습긍(자존감, 자신감, 자기관리, 자기계발, 멘탈, 습관, 긍정)학습, 변화, 성장! 영상 업로드 한 것으로 책 출간,

4번째 책, 5번째 책 원고 작업 시작. 불특정 다수와의 연결고리, CEO, 전 국회의원, 박사, 고위직 임원 사업제의, 블로그 4년 한 것보다 유튜브 1년 한 것이 홍보, 수익 10배, 코로나19 상황에서 코칭으로 극복 할 수 있는 연결고리 만듦. 네이버 인물검색 등록이 되어 스펙 상승! 강사료 상승! 효과를 보았습니다.

### ▶ 나사(나튜버 사명감)

♥ <u>구독자 한 명은 250명과 같고 100년 함께 할 사람.</u>
♥ 함께 잘 먹고 잘 살자. 사람을 살리는 유튜버.
♥ <u>내 분야 전문성을 올리는 최고의 학습 도구.</u>
♥ 영상 하나는 <u>10억의 가치</u>. 작품을 만든다.
♥ 배워서 남 주자! 삼성(진정성, 전문성, 신뢰성).
♥ 1~2년 인스턴트 플랫폼이 아닌 <u>100년 플랫폼.</u>
♥ 사람들의 꿈, 목표를 이루게 해주는 유튜버.
♥ <u>유튜버는 공인이다! 악영향이 아닌 선한 영향력을 주는 유튜버!</u>
♥ 사람들에게 <u>희망, 변화, 성장, 배움, 돈을 벌게 해 주는</u> 유튜버.

### ▶ 나사(나튜버 사명감)

단기간에 구독자, 조회 수
올리는 방법 알려주는 유튜버 많습니다.
단언컨대 말씀드립니다.
<u>유튜버 150년 하는 방법 알려주는</u>
유튜버는 세계에서 단 한명 최보규 원장뿐이라는 것!

자기계발도 이제는 효율적으로 해야 합니다. 효율적으로 하기 위해서는 시스템 안에서 어떤 전문가와 함께 할 것인가?

2010년 김연아를 밴쿠버 올림픽 금메달로 이끈 브라이언 오서 코치라는 시스템이 있었습니다. 2002년 월드컵 4강 신화의 주역인 거스 히딩크 감독이라는 체계적인 시스템을 만났기에 가능했다는 것입니다.

자기계발계의 오서, 거스 히딩크가 되어주겠습니다.
이 책을 보시는 우리님은 최보규 방탄자기계발 전문가를 만났기에 가능하다는 것입니다. 자신을 못 믿겠나요? 자신을 못 믿겠다면 자신을 믿어주는 최보규 방탄자기계발 전문가를 믿고 다시 시작합시다.

자기계발코칭전문가 2급 1강 ~ 10강 너무 수고 많으셨습니다. 자기 자신에게 박수 한번 주세요. 앞에서도 말했듯이 방탄 자기계발의 본질 방탄 자기계발의 본질 교육 20%, 자신 학습, 연습, 훈련 30%, 전문가 피드백, 관리 50%가 되어야 자생능력이 생깁니다.
궁금한 점들이 있다면 150년 동안 언제든 a/s, 관리,피드백 해주겠습니다. 문자, 메시지, 메일 주세요!

# 20,000명 상담, 코칭을 하면서 알게 된 2:3:5공식!

평균적으로 학습자들은 교육만 받으면 80% 효과를 보고 동기부여가 되어 행동으로 나올 것이라고 착각을 합니다.

그러다 보니 교육을 받는 동안 생각만큼, 돈을 지불한 만큼 자신의 기준에 미치지 못하면 효과를 보지 못한 거라고 지레짐작으로 스스로가 한계를 만들어 버립니다. 그래서 행동으로 옮기지 못하는 것이 상황과 교육자가 아닌 자기 자신이라는 것을 모릅니다.

20,000명 상담. 코칭, 자기계발서 12권 출간, 자기계발 습관 204가지 만듦, 시행착오, 대가 지불, 인고의 시간을 통해 가장 효율적이며 효과적인 교육 시스템은 2:3:5라는 것을 알게 되었습니다.

교육 듣는 것은 20% 밖에 되지 않습니다. 교육을 듣고 스스로가 생활 속에서 배웠던 것을 토대로 30% 학습, 연습, 훈련을 해야 합니다.

가장 중요한 50%는 학습, 연습, 훈련한 것을 검증된 전문가에게 꾸준히 a/s, 관리, 피드백을 받아야만 2:3:7공식 효과를 볼 수 있습니다.

# 방탄유튜버 사관학교
# 시스템 사용설명서

## 시스템 소개

### 자신 분야 최고의 수입 플랫폼 업데이트!

최소의 비용으로 최고의 효과를 낼 수 있는 자신 분야 홍보 플랫폼(불특정 다수와 연결이 되어 시너지 효과)입니다. 유튜브를 활용해 앞으로 포스트 코로나 상황들이 벌어졌을 때, 아무것도 할 수 없는 상황이 왔을 때, 빠르게 변하는 시대에 맞춰 자신 분야 삼성(진정성, 전문성, 신뢰성)을 향상시키기 위한 시스템 교육, 코칭!

##  01 교육.강의.코칭 목적 및 기대효과

🔊)) 무한한 가능성이 있는(강의, 책 출판, 광고문의, 사업 파트너, 마음이 맞는 사람들과의 연결을 통한 제휴, 자기계발 기회, 콘텐츠를 통한 수많은 기회 연결 가능) 유튜브 장단점을 학습, 연습, 훈련을 통해 100명 시작하면 99명 그만두는 유튜버 환경 속에서 나튜버가 되어 오래 지속 하며 자신 분야 삼성(진정성, 전문성, 신뢰성)을 향상시켜 수익 창출을 할 수 있는 연결고리를 만들 수 있는 기대효과.

자신 분야 노하우를 일부 오픈하는(함께 잘 먹고 잘 살자) 학습, 연습, 훈련을 통해 사람들 변화, 성장, 배움을 줄 수 있는 기대효과.

##  02 교육.강의.코칭 항목

🔊)) 1단계: 유튜브 시작 준비! (채널 100년 목표, 방향, 자신 분야 연결)
2단계: 영상 촬영 방향! (영상 콘셉트, 기획)
3단계: 촬영 기법! (기본 장비, 촬영 도구, 카메라)
4단계: 영상 업로드! (편집 프로그램, 영상 편집 기본 세팅)
5단계: 유튜버 인성, 매너, 멘탈, 홍보전략 (유튜버 태도)
　　　　자신 분야 연결 제2수입, 제3수입 창출 자동 시스템 기획, 제작

**1** **2** **3** **4** **5**

**03** 방탄유튜버사관학교 신청 대상 세부 내용

## 방탄유튜버사관학교

- ▶ 자기계발을 시작하고 싶은 분.
- ▶ 유튜버가 아닌 나튜버를 통해 자신 분야 변화, 성장하고 싶은 분
- ▶ 자신 분야 와 연결시켜 수입을 극대화하고 싶은 분
- ▶ 1,2,3,4,5단계를 배워 자신 분야 삼성(진정성, 전문성, 신뢰성)을 업데이트해서 자신 분야 가치, 몸 값어치를 올리고 싶은 분
- ▶ 방탄자기계발사관학교 지회장이 되어 9가지 사관학교를 운영, 대한민국 노벨상인 최보규상 임원진이 되고 싶은 분

 **04** 교육. 강의. 코칭 항목

◀)) 교육 시간은 변동사항 있을 수 있습니다!

| 구분 | 주제 | 강의내용 | 시간 |
|---|---|---|---|
| 방탄유튜브 사관학교 | 1단계 | 유튜브 시작 준비!! (채널 100년 목표, 방향, 자신 분야 연결) | 1H ~ 10H |
| | 2단계 | 영상 촬영 방향! (영상 콘셉트, 기획) | 1H ~ 10H |
| | 3단계 | 촬영 기법! (기본 장비, 촬영 도구, 카메라) | 1H ~ 10H |
| | 4단계 | 영상 업로드! (편집 프로그램, 영상 편집 기본 세팅) | 1H ~ 10H |
| | 5단계 | 유튜버 인성, 매너, 멘탈, 홍보전략 (유튜버 태도) 자신 분야 연결 제2수입, 제3수입 창출 자동 시스템 기획, 제작 | 1H ~ ·10H |

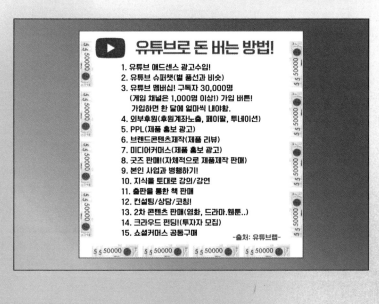

# 방탄유튜버 사관학교

# 방탄유튜버 자격증

★ 자격증명: 자기계발코칭전문가

★ 등록번호: 2021-005595

★ 주무부처: 교육부

★ 자격증 종류: 모바일 자격증

※ 등록하지 않은 민간자격을 운영하거나 민간자격증을 발급할 때에는 [자격기본법]에 의해 3년 이하의 징역 또는 3천만 원 이하의 벌금에 처해진다.

# "국가등록 민간자격증"

★ 자격증명: 자기계발코칭전문가

★ 등록번호: 2021-005595

★ 주무부처: 교육부

★ 자격증 종류: 모바일 자격증

※ 등록하지 않은 민간자격을 운영하거나 민간자격증을 발급할 때에는
[자격기본법]에 의해 3년 이하의 징역 또는 3천만 원 이하의 벌금에 처해진다.

자신의 무한한 가능성을
방탄자기계발사관학교에서 시작하세요!
150년 a/s,관리,피드백 함께하겠습니다!
부록
Google 자기계발아마존
방탄자기계발
사관학교

# 자신의 무한한 가능성을
# 방탄자기계발사관학교에서 시작하세요!

방탄자존감 사관학교

방탄행복 사관학교

방탄멘탈 사관학교

방탄습관 사관학교

방탄사랑 사관학교

방탄웃음 사관학교

방탄강사 사관학교

방탄책쓰기 사관학교

방탄유튜버 사관학교

## 방탄자기계발
## 심화(1급) 코칭

### 9개 분야 중 심화 코칭 받고 싶은 분야 선택 가능!
**(자존감, 행복, 멘탈, 습관, 사랑, 웃음, 강사, 책 쓰기, 유튜버)**

| | |
|---|---|
| 1개 분야 (5시간) | 6개 분야 (30시간) |
| 2개 분야 (10시간) | 7개 분야 (35시간) |
| 3개 부야 (15시간) | 8개 분야 (40시간) |
| 4개 분야 (20시간) | 9개 분야 (45시간) |
| 5개 분야 (25시간) | |

**상담 무료!**
최보규 대표
☎ 010-6578-8295
✉ nice5889@naver.com

# 방탄자기계발 내공, 스펙, 값어치

**자기계발 책 2,000권 독서**

**20,000명 상담 코칭**

**자기계발 책 12권 출간**

**44년간 자기계발 습관 204가지 만듦**

## 방탄자존감 자기계발

| | |
|---|---|
| 클래스 1단계 | 자존감 종합검진 |
| 클래스 2단계 | 방탄자존감 1단계 (자존감 원리 이해) |
| 클래스 3단계 | 방탄자존감 2단계 (후시딘 자존감) |
| 클래스 4단계 | 방탄자존감 3단계 (마데카솔 자존감) |
| 클래스 5단계 | 방탄자존감 실천 동기부여 |

# 방탄행복 자기계발

| 클래스 1단계 | 행복 초등학생, 행복 중학생, 행복 고등학생 001강 ~ 030강 |
|---|---|
| 클래스 2단계 | 행복 전문학사 = 031강 ~ 050강 행복 학사 = 051강 ~ 080강 |
| 클래스 3단계 | 행복 석사 = 081강 ~ 100강 |
| 클래스 4단계 | 행복 박사 = 101강 ~ 120강 |
| 클래스 5단계 | 행복 히어로 = 120강 ~ 135강 |

# 방탄자기계발 심화(1급) 코칭

## 9개 분야 중 심화 코칭 받고 싶은 분야 선택 가능!

**(자존감, 행복, 멘탈, 습관, 사랑, 웃음, 강사, 책 쓰기, 유튜버)**

| | |
|---|---|
| 1개 분야 (5시간) | 6개 분야 (30시간) |
| 2개 분야 (10시간) | 7개 분야 (35시간) |
| 3개 부야 (15시간) | 8개 분야 (40시간) |
| 4개 분야 (20시간) | 9개 분야 (45시간) |
| 5개 분야 (25시간) | |

**상담 무료!**

최보규 대표

📱 010-6578-8295

nice5889@naver.com

# 방탄멘탈 자기계발

| | |
|---|---|
| 클래스 1단계 | 순두부 멘탈  step 01 ~ step 10<br>실버 멘탈 step 11 ~ step 20 |
| 클래스 2단계 | 골드 멘탈 step 21 ~ step 30<br>에메랄드 멘탈 step 31 ~ step 40 |
| 클래스 3단계 | 다이아몬드 멘탈<br>step 41 ~ step 50 |
| 클래스 4단계 | 블루다이아몬드 멘탈<br>step 51 ~ step 70 |
| 클래스 5단계 | 나다운 방탄멘탈<br>step 71 ~ step 115 |

**방탄자기계발**
**심화(1급) 코칭**

**9개 분야 중 심화 코칭 받고 싶은 분야 선택 가능!**
(자존감, 행복, 멘탈, 습관, 사랑, 웃음, 강사, 책 쓰기, 유튜버)

| | |
|---|---|
| 1개 분야 (5시간) | 6개 분야 (30시간) |
| 2개 분야 (10시간) | 7개 분야 (35시간) |
| 3개 부야 (15시간) | 8개 분야 (40시간) |
| 4개 분야 (20시간) | 9개 분야 (45시간) |
| 5개 분야 (25시간) | |

**상담 무료!**
최보규 대표
📱 010-6578-8295
nice5889@naver.com

# 방탄습관 자기계발

| 클래스 1단계 | 나다운 방탄습관블록 공식 |
|---|---|
| 클래스 2단계 | 몸 습관 블록 쌓기 |
| 클래스 3단계 | 머리 습관 블록 쌓기 |
| 클래스 4단계 | 마음(방탄멘탈)습관 블록 쌓기 |
| 클래스 5단계 | 자신 습관 종합검진 습관 처방전과 실천 동기부여 |

## 방탄자기계발 심화(1급) 코칭

**9개 분야 중 심화 코칭 받고 싶은 분야 선택 가능!**

(자존감, 행복, 멘탈, 습관, 사랑, 웃음, 강사, 책 쓰기, 유튜버)

| | |
|---|---|
| 1개 분야 (5시간) | 6개 분야 (30시간) |
| 2개 분야 (10시간) | 7개 분야 (35시간) |
| 3개 부야 (15시간) | 8개 분야 (40시간) |
| 4개 분야 (20시간) | 9개 분야 (45시간) |
| 5개 분야 (25시간) | |

**상담 무료!**
최보규 대표
📱 010-6578-8295
nice5889@naver.com

## 방탄사랑 자기계발

| | |
|---|---|
| 클래스 1단계 | 결혼은 한명이 아닌 세명과 한다. 사랑 본질 학습, 연습, 훈련 |
| 클래스 2단계 | 부부 방탄멘탈 업그레이드 1 |
| 클래스 3단계 | 부부 방탄멘탈 업그레이드 2 |
| 클래스 4단계 | 부부행복 (부부서로 행복히어로 되어주기) |
| 클래스 5단계 | 부부 13계명 학습, 연습, 훈련 1 부부 13계명 학습, 연습, 훈련 2 (화해의 기술) |

## 방탄자기계발 심화(1급) 코칭

**9개 분야 중 심화 코칭 받고 싶은 분야 선택 가능!**

(자존감, 행복, 멘탈, 습관, 사랑, 웃음, 강사, 책 쓰기, 유튜버)

| | |
|---|---|
| 1개 분야 (5시간) | 6개 분야 (30시간) |
| 2개 분야 (10시간) | 7개 분야 (35시간) |
| 3개 부야 (15시간) | 8개 분야 (40시간) |
| 4개 분야 (20시간) | 9개 분야 (45시간) |
| 5개 분야 (25시간) | |

**상담 무료!**
최보규 대표
☎✉ 010-6578-8295
nice5889@naver.com

## 방탄웃음 자기계발

| 클래스 1단계 | 방탄웃음 원리 이해<br>(학습, 연습, 훈련) |
|---|---|
| 클래스 2단계 | 방탄웃음 스팟 기법<br>(학습, 연습, 훈련) |
| 클래스 3단계 | 방탄웃음 실전 기법<br>(학습, 연습, 훈련) |
| 클래스 4단계 | 방탄웃음 습관 사용설명서<br>(학습, 연습, 훈련) |
| 클래스 5단계 | 방탄웃음 실전 강의 청강<br>(강사료 100만 원 실전 강의) |

# 방탄자기계발
## 심화(1급) 코칭

### 9개 분야 중 심화 코칭 받고 싶은 분야 선택 가능!

**(자존감, 행복, 멘탈, 습관, 사랑, 웃음, 강사, 책 쓰기, 유튜버)**

| | |
|---|---|
| 1개 분야 (5시간) | 6개 분야 (30시간) |
| 2개 분야 (10시간) | 7개 분야 (35시간) |
| 3개 부야 (15시간) | 8개 분야 (40시간) |
| 4개 분야 (20시간) | 9개 분야 (45시간) |
| 5개 분야 (25시간) | |

**상담 무료!**
최보규 대표
📱 010-6578-8295
nice5889@naver.com

# 방탄강사 자기계발

| 클래스 1단계 | 강의 시작 집중기법, SPOT 기법<br>아이스브레이킹 기법, SPOT+메시지기법 |
|---|---|
| 클래스 2단계 | 스토리텔링 기법 |
| 클래스 3단계 | 엑티비티 팀빌딩 기법<br>(팀 워크, 조직활성화) |
| 클래스 4단계 | 강사 인성, 매너, 개념, 멘탈 교육<br>강사 연차 별 준비, 변화 방법!<br>강사료 올리는 방법! |
| 클래스 5단계 | 3D.4D 강의 기법.<br>담당자, 청중, 학습자가 원하는 강의기법 |

# 방탄자기계발 심화(1급) 코칭

## 9개 분야 중 심화 코칭 받고 싶은 분야 선택 가능!

**(자존감, 행복, 멘탈, 습관, 사랑, 웃음, 강사, 책 쓰기, 유튜버)**

| | |
|---|---|
| 1개 분야 (5시간) | 6개 분야 (30시간) |
| 2개 분야 (10시간) | 7개 분야 (35시간) |
| 3개 분야 (15시간) | 8개 분야 (40시간) |
| 4개 분야 (20시간) | 9개 분야 (45시간) |
| 5개 분야 (25시간) | |

**상담 무료!**
최보규 대표
☎ 010-6578-8295
nice5889@naver.com

# 방탄책쓰기 자기계발

| | |
|---|---|
| 클래스 1단계 | 책 쓰기, 책 출간 의미 부여, 목표, 방향 설정 (5가지 책 출판 장단점) |
| 클래스 2단계 | 7G (원고, 투고, 퇴고, 탈고, 투고, 강의, 강사) |
| 클래스 3단계 | 온라인 콘텐츠 연결 기획, 제작 |
| 클래스 4단계 | 디지털 콘텐츠 연결 기획, 제작 |
| 클래스 5단계 | 자신 분야 연결 제2수입, 제3수입 발생 무인 시스템 기획, 제작 |

## 방탄자기계발
## 심화(1급) 코칭

### 9개 분야 중 심화 코칭 받고 싶은 분야 선택 가능!

**(자존감, 행복, 멘탈, 습관, 사랑, 웃음, 강사, 책 쓰기, 유튜버)**

| | |
|---|---|
| 1개 분야 (5시간) | 6개 분야 (30시간) |
| 2개 분야 (10시간) | 7개 분야 (35시간) |
| 3개 부야 (15시간) | 8개 분야 (40시간) |
| 4개 분야 (20시간) | 9개 분야 (45시간) |
| 5개 분야 (25시간) | |

**상담 무료!**

최보규 대표

📱 010-6578-8295

nice5889@naver.com

# 방탄유튜버 자기계발

| 클래스 1단계 | 유튜브 시작 준비!<br>(채널 100년 목표, 방향, 자신 분야 연결) |
|---|---|
| 클래스 2단계 | 영상 촬영 방향!<br>(영상 콘셉트, 기획) |
| 클래스 3단계 | 촬영 기법!<br>(기본 장비, 촬영 도구, 카메라) |
| 클래스 4단계 | 영상 업로드!<br>(편집프로그램, 영상 편집 기본 세팅) |
| 클래스 5단계 | 유튜버 인성, 매너, 멘탈, 홍보전략 (유튜버 태도)<br>자신 분야 연결 제2수입, 제3수입 발생<br>무인 시스템 기획, 제작 |

# 4차 산업시대는
# 4차 강사인 방탄강사!

# 커리큘럼

**NAVER** 방탄자기계발사관학교

| 클래스명 | 내용 | 1급(온,오) |
|---|---|---|
| 강사 현실 | 강사 현실(생계형 강사 90% 강사님 강사료가 어떻게 되나요? | 1강 |
| 강사 준비 1 | 강사라는 직업을 시작하려는 분들 준비, 학습, 연습, 훈련! | 2강-1부 |
| 강사 준비 2 | 강사라는 직업을 시작하려는 분들 준비, 학습, 연습, 훈련! | 3강-2부 |
| 강사 준비 3 | 강사라는 직업을 시작하려는 분들 준비, 학습, 연습, 훈련! | 4강-3부 |
| 1년차 ~ 3년차 | 1년차 ~ 3년차 경력 있는 강사들 준비, 학습, 연습, 훈련! | 5강 |
| 3년차 ~ 5년차 | 3년차 ~ 5년차 경력 있는 강사들 준비, 학습, 연습, 훈련! | 6강 |
| 5년차 ~ 10년차 1 | 5년차 ~ 10년차 이상 경력 있는 강사들 준비, 학습,연습, 훈련! | 7강-1부 |
| 5년차 ~ 10년차 2 | 5년차 ~ 10년차 이상 경력 있는 강사들 준비, 학습,연습, 훈련! | 8강-2부 |
| 5년차 ~ 10년차 3 | 5년차 ~ 10년차 이상 경력 있는 강사들 준비, 학습,연습, 훈련! | 9강-3부 |
| 5년차 ~ 10년차 4 | 5년차 ~ 10년차 이상 경력 있는 강사들 준비, 학습,연습, 훈련! | 10강-4부 |
| 강의, 강사 트렌드 | 교육담당자, 청중, 학습자가 원하는 강의 강사 트렌드!<br>2022년 부터 ~ 2150년 강의, 강사 트렌드! | 11강 |
| 코칭전문가 | 코칭전문가 10계명(품위유지의무) | 12강 |

## "국가등록 민간자격"

★ 자격증명: 강사코칭전문가 2급, 1급
★ 등록번호: 2022-001741
★ 주무부처: 교육부
★ 자격증 종류: 모바일 자격증

207

# 강사코칭전문가2급
# 필기/실기

## 강사코칭전문가2급 필기시험/실기시험

#. 자격증 검증비, 발급비 50,000원 발생
 (입금 확인 후 시험 응시 가능)

▶ 1강~11강(객관식):(10문제 = 6문제 합격)

▶ 12강(주관식):(10문제 = 6문제 합격)

▶ 시험 응시자 문자, 메일 제목에 자기계발코칭전문
 가2급 시험 응시합니다.
 최보규 010-6578-8295 / nice5889@naver.com

▶ 네이버 폼으로 문제를 보내주면 1주일 안에 제출!
 합격 여부 1주일 안에 메일, 문자로 통보!
 100점 만점에 60점 안되면 다시 제출!

# 강사코칭전문가1급
# 필기/실기

강사코칭전문가1급 필기시험/실기시험

강사코칭전문가2급 취득 후 온라인 (줌)1:1, 오프라인1:1 선택! 강사 종합검진후 맞춤 집중 코칭! 2급과 동일하게 필기시험, 실기시험(코칭 비용 상담)

# 강사코칭전문가2급 커리큘럼

| 클래스명 | 내용 | 1급(온,오) |
|---|---|---|
| 강사 현실 | 강사 현실(생계형 강사 90% 강사님 강사료가 어떻게 되나요? | 1강 |
| 강사 준비 1 | 강사라는 직업을 시작하려는 분들 준비, 학습, 연습, 훈련! | 2강-1부 |
| 강사 준비 2 | 강사라는 직업을 시작하려는 분들 준비, 학습, 연습, 훈련! | 3강-2부 |
| 강사 준비 3 | 강사라는 직업을 시작하려는 분들 준비, 학습, 연습, 훈련! | 4강-3부 |
| 1년차 ~ 3년차 | 1년차 ~ 3년차 경력 있는 강사들 준비, 학습, 연습, 훈련! | 5강 |
| 3년차 ~ 5년차 | 3년차 ~ 5년차 경력 있는 강사들 준비, 학습, 연습, 훈련! | 6강 |
| 5년차 ~ 10년차 1 | 5년차 ~ 10년차 이상 경력 있는 강사들 준비, 학습,연습, 훈련! | 7강-1부 |
| 5년차 ~ 10년차 2 | 5년차 ~ 10년차 이상 경력 있는 강사들 준비, 학습,연습, 훈련! | 8강-2부 |
| 5년차 ~ 10년차 3 | 5년차 ~ 10년차 이상 경력 있는 강사들 준비, 학습,연습, 훈련! | 9강-3부 |
| 5년차 ~ 10년차 4 | 5년차 ~ 10년차 이상 경력 있는 강사들 준비, 학습,연습, 훈련! | 10강-4부 |
| 강의, 강사 트렌드 | 교육담당자, 청중, 학습자가 원하는 강의 강사 트렌드!<br>2022년 부터 ~ 2150년 강의, 강사 트렌드! | 11강 |
| 코칭전문가 | 코칭전문가 10계명(품위유지의무) | 12강 |

# 강사코칭전문가1급 커리큘럼

| 클래스명 | 내용 | 1급(온,오) |
|---|---|---|
| 집중 기법 | 강의 시작 동기부여<br>강의 집중 기법 | 1강 |
| SPOT 기법 | 아이스브레이킹 기법 (SPOT+메시지기법) | 2강 |
| 스토리텔링 기법 | 집중기법+스토리텔링 기법 | 3강 |
| 강사료UP | 강사료 올리는 방법! 강사<br>인성, 매너, 개념, 멘탈 교육 | 4강 |
| 강의트랜드 | 담당자, 청중, 학습자가<br>원하는 강의기법 트랜드 | 5강 |

# 최보규 방탄자기계발 전문가
## 삼성이 검증된 100가지 기술력

(진정성, 전문성, 신뢰성) www.방탄자기계발사관학교.com

| | | | | | | | |
|---|---|---|---|---|---|---|---|
| 1 | 방탄 자존감<br>코칭 기술 | 13 | 방탄 강사<br>코칭 기술 | 25 | 방탄 리더십<br>코칭 기술 | 37 | 종이책 쓰기<br>코칭 기술 |
| 2 | 방탄 자신감<br>코칭 기술 | 14 | 방탄 강의<br>코칭 기술 | 26 | 방탄 인간관계<br>코칭 기술 | 38 | PDF책 쓰기<br>코칭 기술 |
| 3 | 방탄 자기관리<br>코칭 기술 | 15 | 파워포인트<br>코칭 기술 | 27 | 방탄 인성<br>코칭 기술 | 39 | PPT로 책 출간<br>코칭 기술 |
| 4 | 방탄 자기계발<br>코칭 기술 | 16 | 강사 트레이닝<br>코칭 기술 | 28 | 방탄 사랑<br>코칭 기술 | 40 | 자격증교육 커리큘럼<br>으로 책 출간 코칭 기술 |
| 5 | 방탄 멘탈<br>코칭 기술 | 17 | 강사 스킬UP<br>코칭 기술 | 29 | 스트레스 해소<br>코칭 기술 | 41 | 자격증교육 커리큘럼으<br>로 영상 제작 코칭 기술 |
| 6 | 방탄 습관<br>코칭 기술 | 18 | 강사 인성, 멘탈<br>코칭 기술 | 30 | 힐링, 웃음, FUN<br>코칭 기술 | 42 | 책으로 디지털콘텐츠<br>제작 코칭 기술 |
| 7 | 방탄 긍정<br>코칭 기술 | 19 | 강사 습관<br>코칭 기술 | 31 | 마인드컨트롤<br>코칭 기술 | 43 | 책으로 온라인콘텐츠<br>제작 코칭 기술 |
| 8 | 방탄 행복<br>코칭 기술 | 20 | 강사 자기계발<br>코칭 기술 | 32 | 사명감<br>코칭 기술 | 44 | 책으로 네이버<br>인물등록 코칭 기술 |
| 9 | 방탄 동기부여<br>코칭 기술 | 21 | 강사 자기관리<br>코칭 기술 | 33 | 신념, 열정<br>코칭 기술 | 45 | 책으로 강의 교안<br>제작 코칭 기술 |
| 10 | 방탄 정신교육<br>코칭 기술 | 22 | 강사 양성<br>코칭 기술 | 34 | 팀워크<br>코칭 기술 | 46 | 책으로 민간 자격증<br>만드는 코칭 기술 |
| 11 | 꿈<br>코칭 기술 | 23 | 강사 양성 과정<br>코칭 기술 | 35 | 협동, 협업<br>코칭 기술 | 47 | 책으로 자격증과정<br>8시간 제작 코칭 기술 |
| 12 | 목표<br>코칭 기술 | 24 | 퍼스널프랜딩<br>코칭 기술 | 36 | 버킷리스트<br>코칭 기술 | 48 | 책으로 유튜브<br>콘텐츠 제작 코칭 기술 |

최보규 방탄자기계발 전문가

삼성이 검증된 자기계발 기술 책

(진정성, 전문성, 신뢰성)  www.방탄자기계발사관학교.com

| 강기분야 | 강의분야 | 멘탈분야 | 행복분야 | 습관분야 | 자존감분야1 |
|---|---|---|---|---|---|
|  | |  |  |  |   |

| 자존감분야2 | 자존감분야3 | 자기계발분야1 | 자기계발분야2 | 자기계발분야3 | 자기계발분야4 |
|---|---|---|---|---|---|
|  |  |  |  |  | |

| 코칭전문가1 | 코칭전문가2 | 코칭전문가3 | 코칭전문가4 | 코칭전문가5 | 코칭전문가6 |
|---|---|---|---|---|---|
|    |  |   |  |  |  |

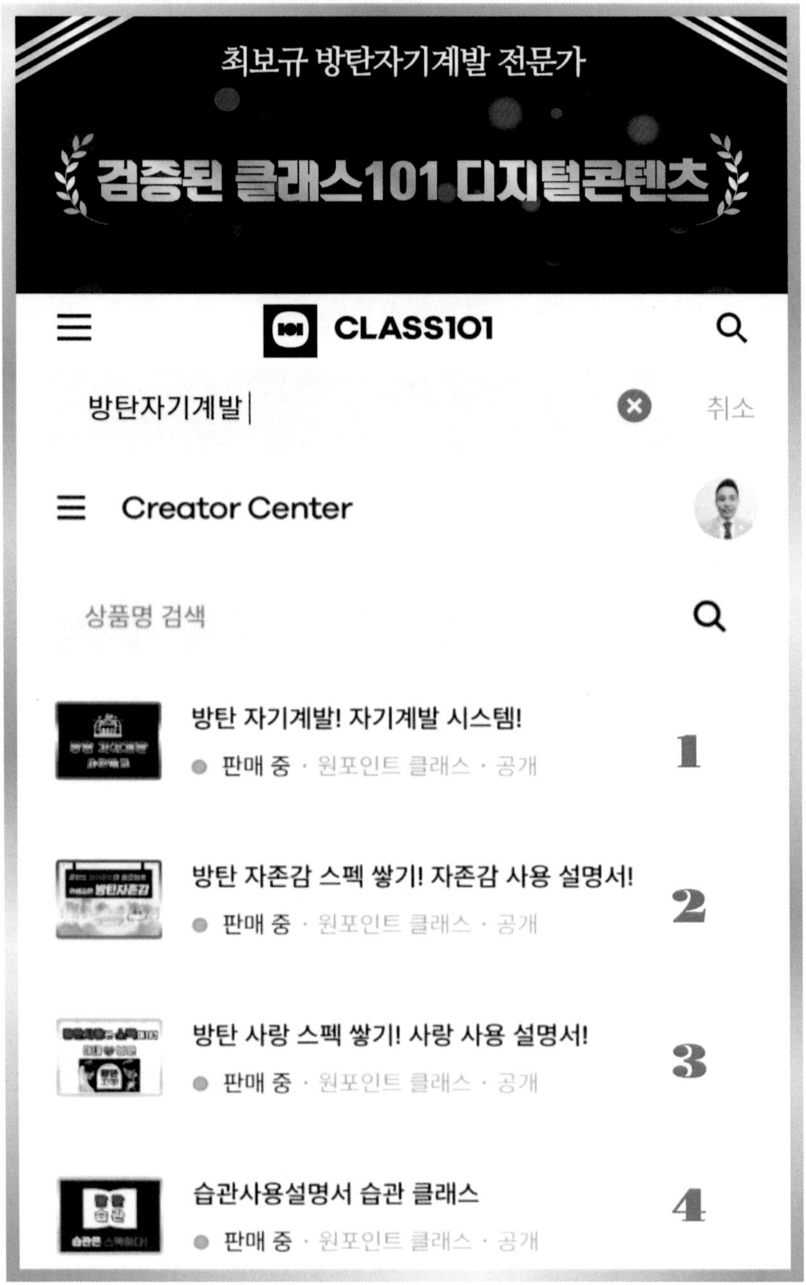

# 검증된 클래스101 디지털콘텐츠

**CLASS101**

방탄자기계발

취소

≡ Creator Center

상품명 검색

방탄 자기계발! 자기계발 시스템!
● 판매 중 · 원포인트 클래스 · 공개

**1**

방탄 자존감 스펙 쌓기! 자존감 사용 설명서!
● 판매 중 · 원포인트 클래스 · 공개

**2**

방탄 사랑 스펙 쌓기! 사랑 사용 설명서!
● 판매 중 · 원포인트 클래스 · 공개

**3**

습관사용설명서 습관 클래스
● 판매 중 · 원포인트 클래스 · 공개

**4**

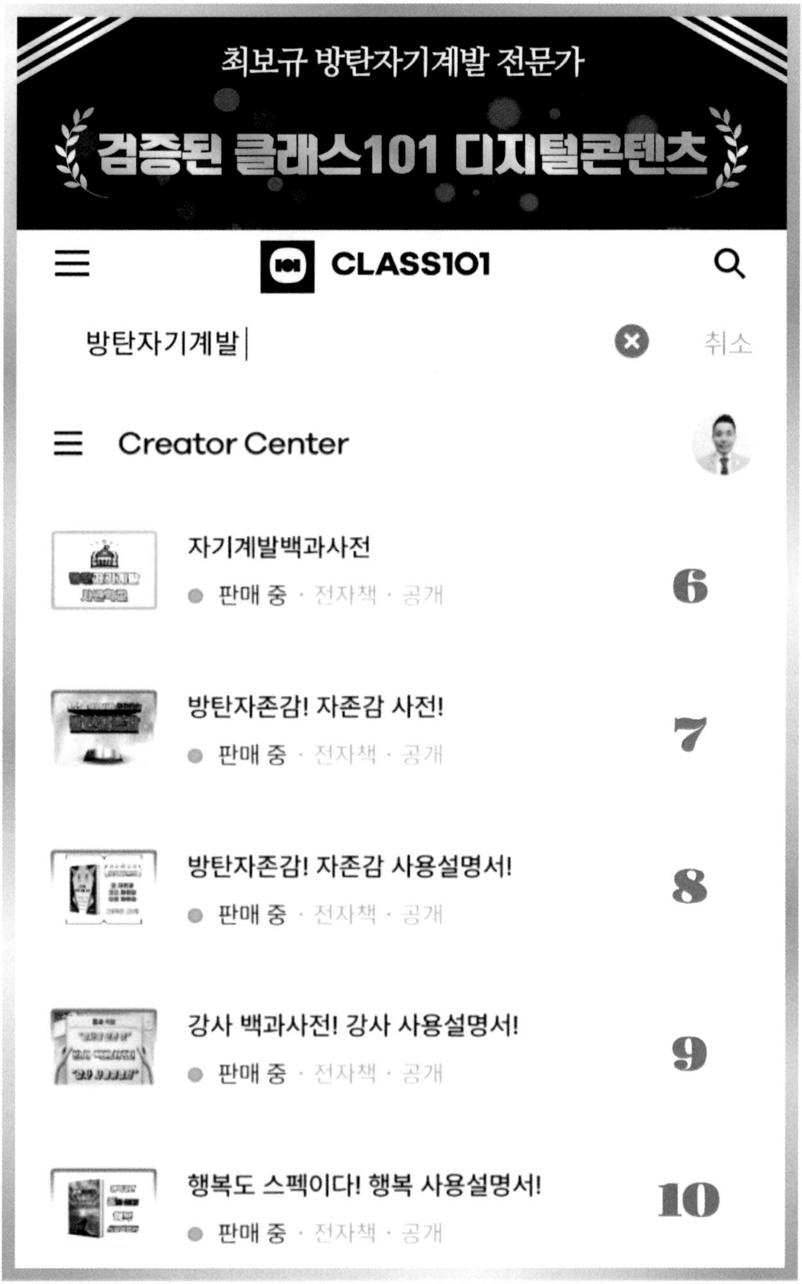

# 검증된 클래스101 디지털콘텐츠

≡　　CLASS101　　🔍

방탄자기계발|　　　　　❌　취소

≡　Creator Center

자기계발백과사전
● 판매 중 · 전자책 · 공개　　　　**6**

방탄자존감! 자존감 사전!
● 판매 중 · 전자책 · 공개　　　　**7**

방탄자존감! 자존감 사용설명서!
● 판매 중 · 전자책 · 공개　　　　**8**

강사 백과사전! 강사 사용설명서!
● 판매 중 · 전자책 · 공개　　　　**9**

행복도 스펙이다! 행복 사용설명서!
● 판매 중 · 전자책 · 공개　　　　**10**

**어떤 전문가를 찾으시나요?**

🔍 최보규

#395236

온라인 건물주 되는 방법 알려
드립니다.

300,000원

**1**

#354416

방탄자존감 학습, 연습, 훈련시켜
드립니다.

20,000원

**2**

#361095

자기계발 학습, 연습, 훈련시켜
드립니다.

30,000원

**3**

# 검증된 크몽 디지털콘텐츠

#294884

행복 사용 설명서로 행복케어 멘탈케어 코칭해 드립니다.

20,000원

**4**

#339149

인생의 산소 자존감 학습, 연습 , 훈련시켜 드립니다.

20,000원

**5**

#324745

방탄습관 사용설명서, 습관백과사전, 습관코칭해 드립...

20,000원

**6**

#289339

강사의 모든 것 강사 백과사전, 강사 사용설명서를 드립니다.

20,000원

**7**

최보규

전자책 **1**

[튜터전자책]방탄자존감
사전1,2 / 134P+106P

자기 관리 · 최보규

**20,000원**

전자책 **2**

[튜터전자책]습관백과사전/
방탄습관1=131P ....

인문·교양 · 최보규

**20,000원**

전자책 **3**

[튜터전자책]행복공식1=138
P . 행복공식2=145P)

인문·교양 · 최보규

**22,000원**

녹화영상 **4**

당신도 온라인 건물주.
자기계발코칭전문가.영상...

인문·교양 · 최보규

**210,000원**

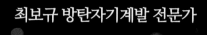

최보규 방탄자기계발 전문가

# 검증된 클래스U 디지털콘텐츠

## 자기계발코칭전문가 자격증
## 13강(자격증 발급), 1:1 코칭 연결

**CLASSU**     클래스 개설    로그인

\# 무엇을 배우고 싶나요?    🔍

← 최보규    ✕

클래스 2개    ↑↓ 정확도순

    참 쉽죠! 온라인 건물주!
최보규
**월 70,000원**     **1**

    방탄사랑! 사랑 사용 설명서!
사랑도 스펙이다!
최보규
**월 50,000원**    **2**

최보규 방탄자기계발 전문가

검증된 인클 디지털콘텐츠

인클 방탄자기계발 🔍 👤

노력 자기계발이 아닌 방탄자기계발 ▶

인클 인생2막 클래스 검색하기 🔍 👤

최보규
노력 자기계발이 아닌
**방탄자기계발**

LIFE
LEVEL UP
UPGRADE

당신의 행복을 지켜드려요

노력 자기계발이 아닌 방탄자기계발

~~1,000,000원~~ 인클패밀리 전 강좌 무료

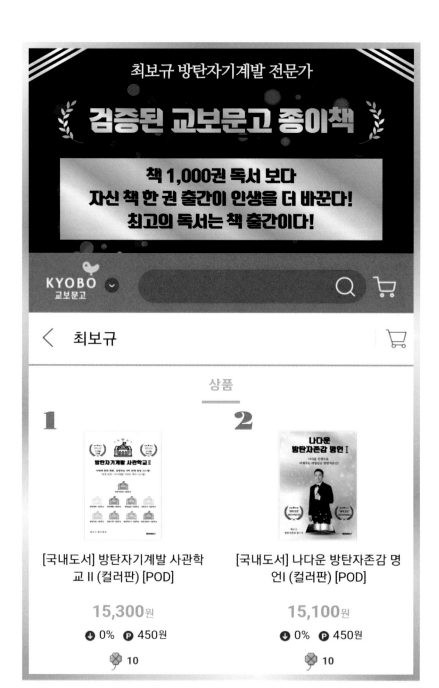

**3**

[국내도서] 나다운 방탄습관블록 (컬러판) [POD]

**26,500**원

⬇ 0%　ⓟ 790원

🍀 10

**4**

[국내도서] 나다운 방탄 카피 사전 (컬러판) [POD]

**16,900**원

⬇ 0%　ⓟ 500원

🍀 10

**5**

[국내도서] 행복히어로 (컬러판) [POD]

**23,000**원

⬇ 0%　ⓟ 690원

🍀 10

**6**

[국내도서] 나다운 방탄멘탈 : 하루가 멀다하고 내 멘탈을 흔드는 세상속 <나다운 방탄멘탈>로|...

**15,120**원

⬇ 10%　ⓟ 840원

🍀 10

# 검증된 교보문고 종이책

 최보규

**7**

[국내도서] 나다운 강사 1 : 강사
내비게이션

13,500원

⬇ 10%  Ⓟ 750원

🍀 10

**8**

[국내도서] 방탄자기계발 사관학
교 IV (컬러판) [POD]

13,500원

⬇ 0%  Ⓟ 400원

🍀 10

**9**

[국내도서] 나다운 강사 2 : 강사
사용 설명서

13,500원

⬇ 10%  Ⓟ 750원

🍀 10

**10**

[국내도서] 방탄자기계발 사관학
교 III (컬러판) [POD]

15,400원

⬇ 0%  Ⓟ 460원

🍀 10

# 검증된 교보문고 종이책

← 최보규

**11**

[국내도서] 나다운 방탄자존감 명
언 II (컬러판) [POD]

**15,400**원

⬇ 0%  Ⓟ 460원

🍀 10

**12**

[국내도서] 방탄자기계발 사관학
교(컬러판) [POD]

**16,900**원

⬇ 0%  Ⓟ 500원

🍀 10

# 책을 출간한다고 전문가가 되는 건 아니지만 전문가들은 자신 전문 분야 책이 2~3권이 있다!

최보규 방탄자기계발 전문가

# 검증된 교보문고 eBook

KYOBO eBook

## 최보규방탄자기계발전문가

서점

100%

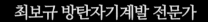

# 최보규 방탄자기계발 전문가

## 검증된 유페이퍼 디지털콘텐츠

자신 삼성을 높이는 시작은
(진정성, 전문성, 신뢰성)
책 쓰기, 책 출간이다!

온라인 건물주가
되기 위한 시작은
책 쓰기, 책 출간이다!

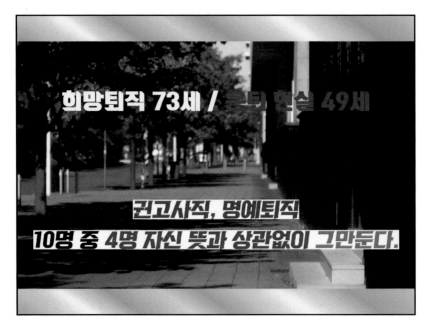

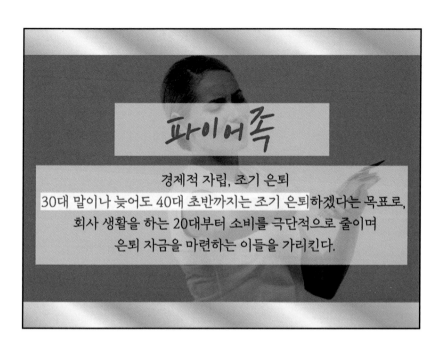

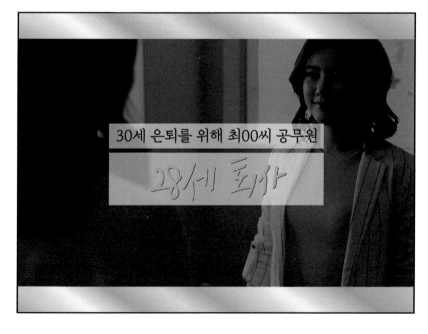

40세 은퇴를 위해 김OO씨 OO공기업
35세 퇴사

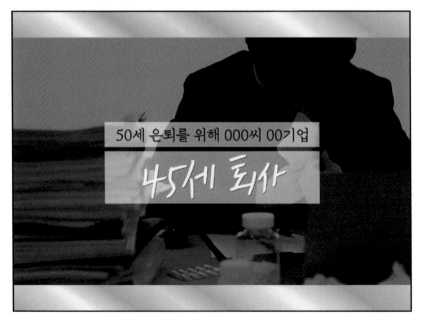

50세 은퇴를 위해 OOO씨 OO기업
45세 퇴사

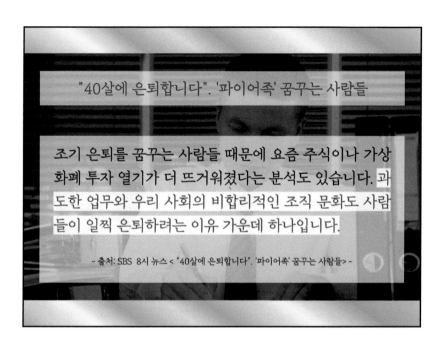

"40살에 은퇴합니다". '파이어족' 꿈꾸는 사람들

조기 은퇴를 꿈꾸는 사람들 때문에 요즘 주식이나 가상화폐 투자 열기가 더 뜨거워졌다는 분석도 있습니다. 과도한 업무와 우리 사회의 비합리적인 조직 문화도 사람들이 일찍 은퇴하려는 이유 가운데 하나입니다.

- 출처: SBS 8시 뉴스 < "40살에 은퇴합니다". '파이어족' 꿈꾸는 사람들> -

이00씨 00대기업

50세 명예퇴직

## 희망 퇴직 73세 / 은퇴 현실 49세

55살 ~79살 1500만 명 10년 만에 500만 명이 늘었다.
연금 받는 750만 명
연금을 받더라도 턱없이 부족한 69만 원이다.
1인 가구 최저생계비 116만 원.

- 출처: KBS 뉴스데스크 < 55세~79세 1,500만 명, 은퇴했지만 생활비 벌려고...> -

---

## 희망 퇴직 73세 / 은퇴 현실 49세

사람들은 평균 73세까지 일하길 희망했지만, 현실은 거리가 멉니다.
가장 오래 다닌 직장에서 그만둔 나이는 평균 49세.
사업 부진, 휴·폐업, 권고사직이나 명예퇴직 등
10명 중 4명은 자기 뜻과 상관없이 그만뒀습니다.

- 출처: KBS 뉴스데스크 < 55세~79세 1,500만 명, 은퇴했지만 생활비 벌려고...> -

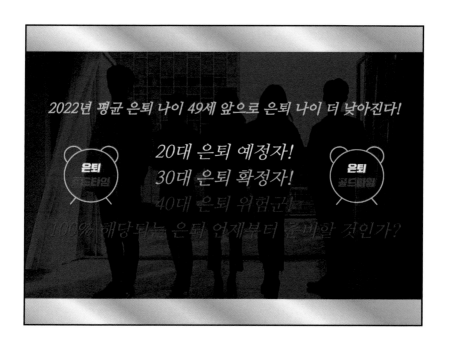

10년, 20년 경력... 인정해 주는 곳은 없고
어떻게 하면 활용, 연결할 수 있을까?

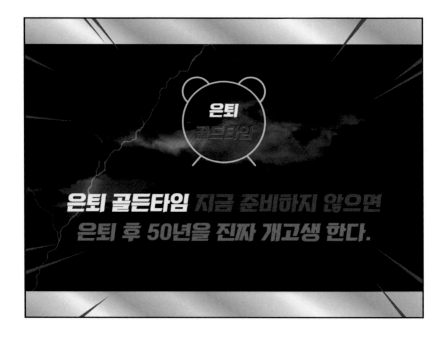

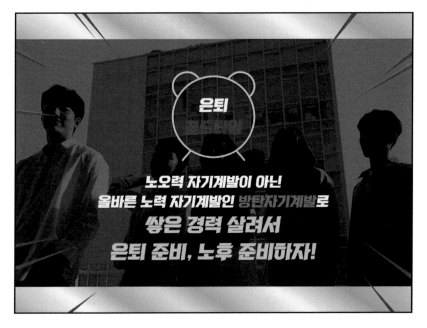

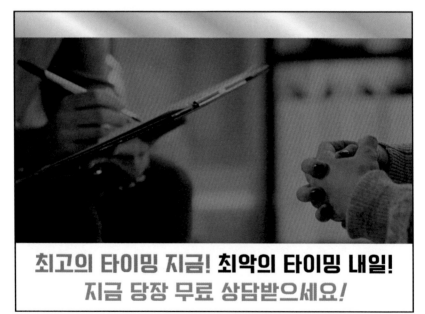

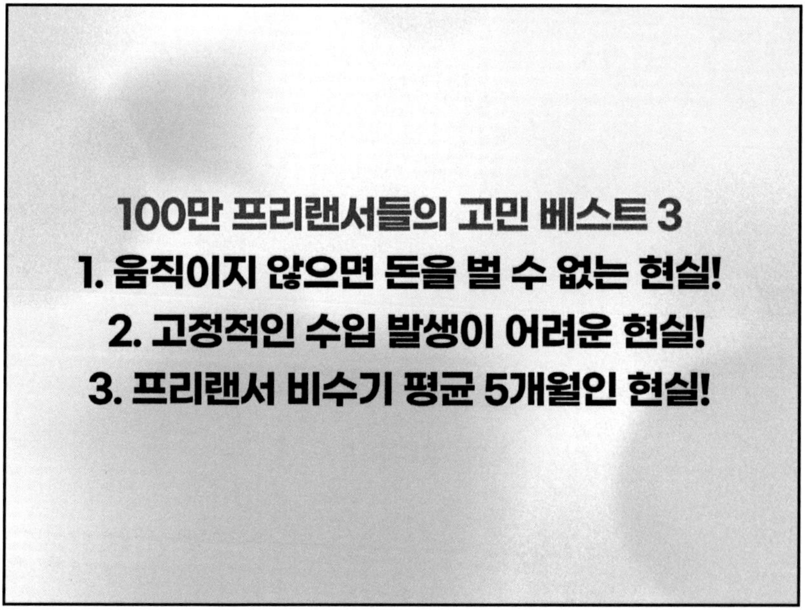

100만 프리랜서들의 고민 베스트 3
1. 움직이지 않으면 돈을 벌 수 없는 현실!
2. 고정적인 수입 발생이 어려운 현실!
3. 프리랜서 비수기 평균 5개월인 현실!

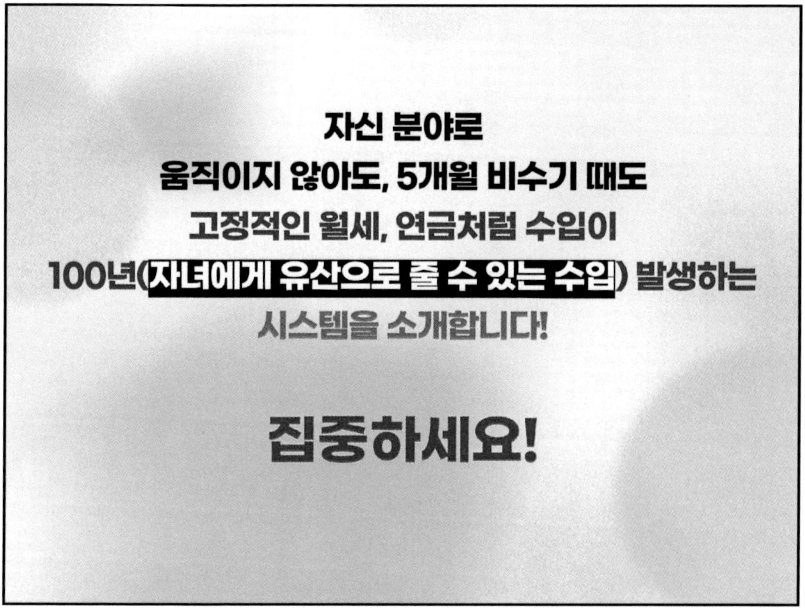

자신 분야로
움직이지 않아도, 5개월 비수기 때도
고정적인 월세, 연금처럼 수입이
100년(자녀에게 유산으로 줄 수 있는 수입) 발생하는
시스템을 소개합니다!

**집중하세요!**

사무실이 필요 없는 시스템!

직원이 필요 없는 시스템!

휴식 중에도 돈이 들어오는 시스템!

가족들과 여행 중에도 돈이 벌리는 시스템!

자고 일어나면 통장에 돈이 입금되는 시스템!

누구나 바라는 시스템이지만 아무나 만들 수 없고
만들고 싶어도 몇 천만원이 들어가는 시스템!

최보규원장이 그 마음 알기에 함께 잘 먹고 잘 살기 위해
지금 현실, 앞으로 힘든 시기를 극복하는 터닝포인트 기회를 드립니다!

조물주 위에 건물주
다음 생에도 힘든 온라인 건물주가 되세요.

방탄자기계발 컨트롤타워에서
온라인 타워팰리스 분양받으세요!

분양 받기 어렵겠지?

비용이 많이 들겠지?

NOPE

NOPE

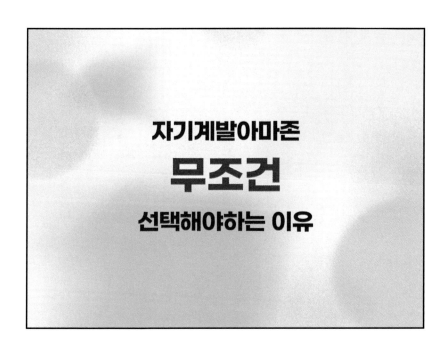

프리랜서 힘들죠? 지치죠?
전문 분야를 만들어 제대로 인정 받고 싶죠?
전국 돌아다니다 보니 몸이 성한 곳이 없죠?
나이가 많아서 불러 주는 사람이 점점 줄어 들고
자신 분야 프리랜서 직업의 미래가 불안하시죠?

100만 명 프리랜서 들의 걱정, 고민 들
세계 최초 자기계발 쇼핑몰을 창시한
최보규 원장이 그 마음들 알기에 함께 잘 살기 위한 시스템인
자기계발아마존에서 극복할 수 있습니다.

# 자기계발 아마존! 홈페이지 통합!
## (자동 결제 홈페이지 렌탈 서비스!)

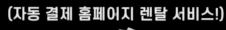

## 언제까지 몸으로만 일 할 것인가?

### 홈페이지가 일하게 하자! 콘텐츠가 일하게 하자!
### 자동화시스템이 일하게 하자! 자기계발 아마존 초이스!

| NAVER 방탄자기계발사관학교 | ▶YouTube 방탄자기계발 | Google 자기계발아마존 | NAVER 최보규 |

| 9가지 비교 항목 | A사 (플렛폼) | B사 (플렛폼) | C사 (플렛폼) | 자기계발 아마존 |
|---|---|---|---|---|
| 홈페이지 초기 제작 비용 / 매달 비용 | 무료 매달 3 ~ 10만 원 | 100 ~ 200만 원 매달 3 ~ 10만 원 | 200 ~ 300만 원 매달 3 ~ 10만 원 | 무료 매달 5만 원 |
| 홈페이지 운영, 관리 | 전문가 비용 100 ~ 200만 원 | 전문가 비용 100 ~ 200만 원 | 전문가 비용 100 ~ 200만 원 | 무료 |
| 자동 / 무인 결제시스템 | X (시스템 없음) | 제작 비용 100 ~ 200만 원 | 제작 비용 100 ~ 200만 원 | 무료 |
| 디지털 콘텐츠 제작 촬영, 편집, 상세디자인 | X (시스템 없음) | 제작 비용 100 ~ 200만 원 | 제작 비용 200 ~ 300만 원 | 무료 |
| 디지털 콘텐츠 운영 비용 (매달 비용) | X (시스템 없음) | 매달 3 ~ 10만 원 | 매달 3 ~ 10만 원 | 매달 5만 원 |
| 협업을 통한 회원 모집, 교류 시스템 | X (시스템 없음) | X (시스템 없음) | X (시스템 없음) | 홈페이지 통합 시스템으로 협업으로회원 모집, 교류, 공유 |
| 콘텐츠 개발, 연결 (제2, 제3, 제4 수입 창출) | X (시스템 없음) | X (시스템 없음) | 제작 비용 500 ~ 1,000만 원 | 무료 컨설팅 (기획, 제작) 콘텐츠에 따라 비용 발생 |
| A/S, 관리, 피드백 | 1년 ~ 2년 | 1년 ~ 2년 | 1년 ~ 2년 | 150년 무료 |
| 총 비용 | 초기 비용 100 ~ 200만 원 매달 비용 3 ~ 10만 원 | 초기 비용 500 ~ 1,000만 원 매달 비용 5 ~ 20만 원 | 초기 비용 1,000 ~ 2,000만 원 매달 비용 5 ~ 20만 원 | 초기 비용 무료 매달 비용 5 ~ 10만 원 |

| 1. 초월 항목 | A사 (플렛폼) | B사 (플렛폼) | C사 (플렛폼) | 자기계발 아마존 |
|---|---|---|---|---|
| 홈페이지 초기 제작 비용 매달 비용 (서버 비용) | 무료 매달 3 ~ 10만 원 | 100 ~ 200만 원 매달 3 ~ 10만 원 | 200 ~ 300만 원 매달 3 ~ 10만 원 | 무료 매달 5만 원 |

## 2. 홈페이지 제작보다 더 큰 돈이 들어가는 것?
## 홈페이지 운영, 관리 하기 위한 전문가 비용이다!

| 2. 초월 항목 | A사 (플렛폼) | B사 (플렛폼) | C사 (플렛폼) | 자기계발 아마존 |
|---|---|---|---|---|
| NAVER 방탄자기계발사관학교 | ▶YouTube 방탄자기계발 | Google 자기계발아마존 | NAVER 최보규 | |
| 홈페이지 운영, 관리 비용 (매달 들어가는 비용) | 전문가 비용 100~200만 원 | 전문가비용 100~200만원 | 전문가 비용 100~200만 원 | 무료 (매달 무료) |

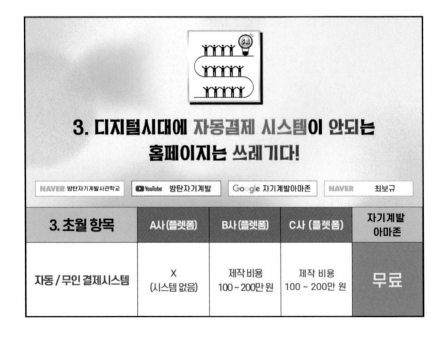

## 3. 디지털시대에 자동결제 시스템이 안되는
## 홈페이지는 쓰레기다!

| 3. 초월 항목 | A사 (플렛폼) | B사 (플렛폼) | C사 (플렛폼) | 자기계발 아마존 |
|---|---|---|---|---|
| NAVER 방탄자기계발사관학교 | ▶YouTube 방탄자기계발 | Google 자기계발아마존 | NAVER 최보규 | |
| 자동 / 무인 결제시스템 | X (시스템 없음) | 제작 비용 100~200만 원 | 제작 비용 100~200만 원 | 무료 |

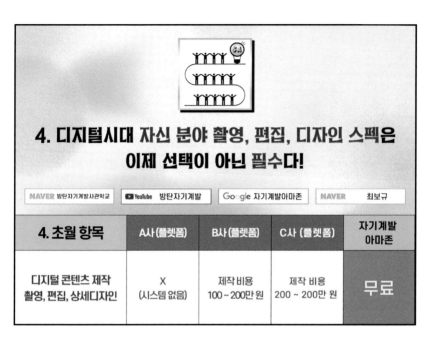

## 4. 디지털시대 자신 분야 촬영, 편집, 디자인 스펙은 이제 선택이 아닌 필수다!

| NAVER 방탄자기계발사관학교 | ▶YouTube 방탄자기계발 | Google 자기계발아마존 | NAVER 최보규 |

| 4. 초월 항목 | A사 (플렛폼) | B사 (플렛폼) | C사 (플렛폼) | 자기계발 아마존 |
|---|---|---|---|---|
| 디지털 콘텐츠 제작 촬영, 편집, 상세디자인 | X (시스템 없음) | 제작 비용 100~200만 원 | 제작 비용 200~200만 원 | 무료 |

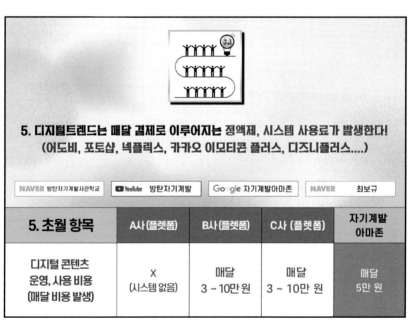

## 5. 디지털트렌드는 매달 결제로 이루어지는 정액제, 시스템 사용료가 발생한다! (어도비, 포토샵, 넥플릭스, 카카오 이모티콘 플러스, 디즈니플러스....)

| NAVER 방탄자기계발사관학교 | ▶YouTube 방탄자기계발 | Google 자기계발아마존 | NAVER 최보규 |

| 5. 초월 항목 | A사 (플렛폼) | B사 (플렛폼) | C사 (플렛폼) | 자기계발 아마존 |
|---|---|---|---|---|
| 디지털 콘텐츠 운영, 사용 비용 (매달 비용 발생) | X (시스템 없음) | 매달 3~10만 원 | 매달 3~10만 원 | 매달 5만 원 |

## 6. 협회, 단체, 단톡방, 밴드... 많은 모임들을 한 곳에서 자유롭게
## 교류, 모집, 콘텐츠 공유를 통해 고립되고 있는 모임들 활성화!

| NAVER 방탄자기계발사관학교 | ▶YouTube 방탄자기계발 | Google 자기계발아마존 | NAVER 최보규 |

| 6. 초월 항목 | A사 (플렛폼) | B사 (플렛폼) | C사 (플렛폼) | 자기계발 아마존 |
|---|---|---|---|---|
| 협업을 통한 회원 모집, 교류 시스템 | X (시스템 없음) | X (시스템 없음) | X (시스템 없음) | 홈페이지 통합 시스템 협업으로 회원을 모집, 교류, 공유 |

## 7. 앞으로는 자신 분야 한 가지 콘텐츠로 살아남지 못한다.
## 자신 분야를 연결시킬 수 있는 3 ~ 5개 콘텐츠를 개발하여
## 무인 시스템이 되는 콘텐츠로 연결시켜 제2, 제3, 제4 수입 창출하자!

| NAVER 방탄자기계발사관학교 | ▶YouTube 방탄자기계발 | Google 자기계발아마존 | NAVER 최보규 |

| 7. 초월 항목 | A사 (플렛폼) | B사 (플렛폼) | C사 (플렛폼) | 자기계발 아마존 |
|---|---|---|---|---|
| 콘텐츠 개발, 연결 (제2, 제3, 제4 수입 창출) | X (시스템 없음) | X (시스템 없음) | 제작 비용 500 ~ 1,000만 원 | 무료 컨설팅 (기획, 제작) 콘텐츠에 따라 비용 발생 |

## 8. 114처럼 언제든지 물어볼 수 있는
## 삼성(진정성, 전문성, 신뢰성)이 검증된 전문가가
## 150년 함께 한다면 자신 분야에서 인정, 변화, 성장할 것이다!

NAVER 방탄자기계발사관학교 | ▶YouTube 방탄자기계발 | Google 자기계발아마존 | NAVER 최보규

| 8. 초월 항목 | A사 (플렛폼) | B사 (플렛폼) | C사 (플렛폼) | 자기계발 아마존 |
|---|---|---|---|---|
| A/S, 관리, 피드백 | 1년 ~ 2년 | 1년 ~ 2년 | 1년 ~ 2년 | 150년 무료 |

## 9. 비용은 시간이 지나면 당연하게 오른다!
## 비용이 가장 쌀 때는 지금이고 가장 비쌀 때는 내일이다.
## 싸고 비싸고가 중요한게 아니다. 어떤 사람과 함께하냐가 중요하다!

NAVER 방탄자기계발사관학교 | ▶YouTube 방탄자기계발 | Google 자기계발아마존 | NAVER 최보규

| 9. 초월 항목 | A사 (플렛폼) | B사 (플렛폼) | C사 (플렛폼) | 자기계발 아마존 |
|---|---|---|---|---|
| 총 비용 매달 비용 | 초기 비용 100 ~ 200만 원 매달 비용 3 ~ 10만 원 | 초기 비용 500 ~ 1,000만 원 매달 비용 5 ~ 20만 원 | 초기 비용 1,000 ~ 2,000만 원 매달 비용 5 ~ 20만 원 | 초기 비용 무료 매달 비용 5 ~ 10만 원 |

# 온라인 건물주

## 해보자! 해보자!
## 이제는 당신 차례!

**최보규 타워**　　　**온라인 건물주**

# 자신 분야 디지털콘텐츠 제작으로
# 100년 월세, 연금 받자!

| 디지털 플랫폼 | 디지털 콘텐츠 수입 발생 ( 무인 시스템) | 100년 월세, 연금 발생 |
|---|---|---|
| 자기계발아마존<br>1층 ~ 3층 | 온라인 건물주 되는 자격증 교육! 온라인! 자기계발코칭전문가2급<br>자존감, 멘탈, 습관, 행복, 사랑, 웃음, 강사, 책쓰기, 유튜버 9개 분야 코칭 | 자격증, 재교육, 강사섭외, 코칭<br>종이책, 전자책 수입 발생 |
| 클래스유 4층 | 자신 분야 삼성(진정성, 전문성, 신뢰성)을 높여<br>제2수입, 3수입 올리는 방탄자기계발 | 영상, 자격증, 강사섭외, 코칭<br>종이책, 전자책 수입 발생 |
| 클래스101<br>5층 ~ 15층 | 강사 분야, 사랑 분야, 습관 분야, 자존감 분야, 행복 분야, 자기계발 분야<br>영상 원포인트 클래스 / 전자책 | 영상, 강사섭외, 코칭<br>종이책, 전자책 수입 발생 |
| 크몽 16층 ~ 22층 | 강사 분야, 사랑 분야, 습관 분야, 자존감 분야, 행복 분야, 자기계발 분야<br>영상 / 코칭 / 전자책 | 영상, 자격증, 강사섭외, 코칭<br>종이책, 전자책 수입 발생 |
| 탈잉 23층 ~ 25층 | 자존감 분야, 습관 분야, 행복 분야 / 전자책 | 강사섭외, 코칭<br>종이책, 전자책 수입 발생 |
| 인클 26층 | 4차 산업시대는 4차 자기계발인 방탄자기계발 | 영상, 자격증, 강사섭외, 코칭<br>종이책, 전자책 수입 발생 |
| 디지털 서점<br>27층 ~ 50층 | 출간 한 12권 자기계발서 종이책, 전자책 | 검증된 전문가<br>강사료 10배 상승 |

당신의 타워    온라인 건물주

## 자신 분야 디지털콘텐츠 제작으로
## 100년 월세, 연금 받자!

### 언제까지! 몸으로만 일 할 것인가?

자신 분야 무인시스템!
자신 분야 디지털콘텐츠(AI)가 일하게 하자!

### 전문 분야가 없는데도 가능한가요?

20,000명 상담, 코칭 한
검증된 최보규 전문가가 전문 분야를 만들어 줍니다.

### 전문 분야는 있는데 엄두가 안 나요?

20,000명 상담, 코칭 한 검증된 최보규 전문가가
맞춤 컬설팅으로 목표, 방향을 잡아 줍니다.

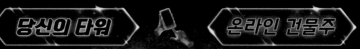

# 당신의 타워 ✦ 온라인 건물주

# 자신 분야 디지털콘텐츠 제작으로
# 100년 월세, 연금 받자!

## 자신 분야 책을 출간해서 전문가 될 수 있나요?

자기계발 책 12권 출간해서 50개 디지털콘텐츠로
제작한 노하우를 전수해 드립니다.

## 출간한 책이 있는데 디지털콘텐츠 만들 수 있나요?

자기계발 책 12권 출간해서 50개 디지털콘텐츠로
제작한 노하우를 전수해 드립니다.

## 책 쓰기만, 책 출간만 하는 것이 아닌
## 디지털콘텐츠 제작, 홍보 영상 제작, 책으로 강의 교안 작업
## 모두 할 수 있는 책 출간 가능한가요?

책 쓰기, 책 출간만 하고 끝나는 것이 아닌
책으로 할 수 있는 모든 것을 책 쓰기 시작할 때 함께 합니다!
그래서 몇 천 들어가는 비용을 10배 줄여 줍니다.

# 자신 분야 디지털콘텐츠 제작으로
# 100년 월세, 연금 받자!

## 출간한 책으로 강사직업을 할 수 있나요?

책을 출간하면 작가라는 타이틀이 생기고 출간한
책을 교안으로 만들어서 강사 직업까지 할 수 있습니다.
강사 직업 시작 ~ 100년 차 까지 년차별 준비!

## 강사 직업을 배울 수 있나요? 강사료를 올리고 싶어요?

대한민국 최초 강사 백과사전, 강사 사용설명서를
창시한 검증된 강사 양성 전문가가 강사 직업
시작 ~ 100년 차까지 연차별 트레이닝 시켜 줍니다.

## 디지털 시대에 가장 중요한 3가지 스펙! 배울 수 있나요?

영상 촬영 편집 기술, 홍보 디자인 제작 기술, 온라인. 디지털 콘텐츠 제작 기술

자기계발 책 12권 출간해서 50개 디지털콘텐츠로
제작한 노하우를 전수해 드립니다.

# 자신 분야 디지털콘텐츠 제작으로 100년 월세, 연금 받자!

**등록한 민간자격증으로 디지털콘텐츠 만들 수 있나요?**

한번 제작한 영상으로 평생 수입을
낼 수 있는 디지털콘텐츠 제작할 수 있습니다.

**등록한 민간자격증으로 책을 출간할 수 있나요?**

자격증 교육 과정 커리큘럼이 있다면
책 출간 80%는 끝났습니다.

**강의 분야로 PPT교안으로 책을 출간할 수 있나요?**

PPT교안이 있다면
책 출간 80%는 끝났습니다.

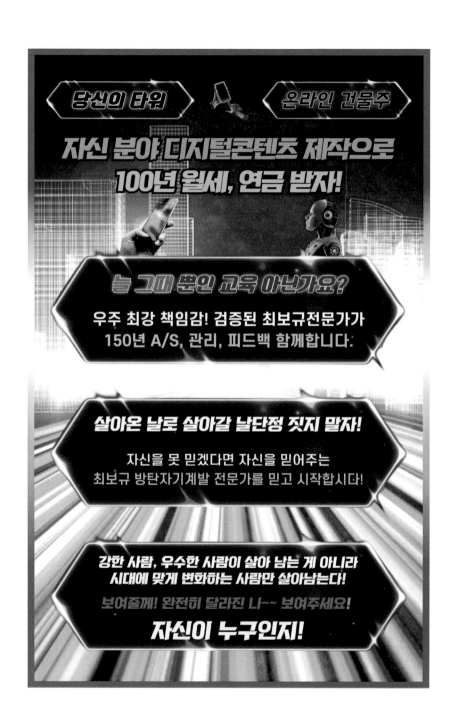

# 자격증 수입 발생 8단계 시스템

## 일반 자격증(99,99%) VS 방탄자기계발사관학교

| 일반 자격증(99,99%) | 수입 창출 8단계 시스템 | 방탄자기계발사관학교 |
|---|---|---|
| 10,000개 기관<br>(등록된 민간 자격증) | 수입 창출 8단계 시스템 | 방탄자기계발사관학교<br>(등록된 민간 자격증) |
| 오프라인 교육 외<br>수입 발생 없음 | 오프라인 수입 | 오프라인 교육과<br>디지털, 온라인 콘텐츠<br>연결 수입 발생 |
| 기관대 기관<br>자격증 교류 극 소수 | 타기관 자격증 과<br>협업 수입 | 기관 대 기관 전문 분야 자격증 과정<br>교류를 통한 수입 발생 |
| 없음 (X) / 비수기 있음 | 무인 재교육 수입<br>월세, 연금성 수입 | 자기계발아마존 무인시스템<br>비수기가 없음 (사무실, 직원 없음) |
| 없음 (X) | 디지털 콘텐츠<br>월세, 연금성 수입 | 자격증 과정 영상 제작으로<br>재능마켓 판매<br>(클래스101, 클래스유, 크몽, 탈잉,<br>자기계발 아마존, 오투잡, 인클....) |
| 없음) (X) | 온라인 콘텐츠 수입 | 자기계발 아마존 온라인 시스템<br>제작한 영상으로 온라인 수입 발생 |
| 없음 (X) | 자격증 1:1 코칭 수입 | 코칭전문가 커리큘럼을 통한<br>특별, 심화, 1:1 코칭 수입 발생 |
| 없음 (X) | 자격증 책 출간(인세) | 자격증 커리큘럼으로<br>종이책, pdf 책 출간 평생 인세 발생 |
| 없음 (X) | 홍보, 몸값 상승 | 재능마켓에서 자동 홍보,<br>책 출간으로<br>전문 분야 인정 강사료 상승 |

# 자존감 게임은

하루가 멀다 하고 자신 행복을 위협하는
세상, 현실, 사람들로부터
나다운 행복을 지키기 위한 자존감 게임입니다!

인생은 게임이다! 세상, 현실, 또라이분들에게
지지(당하지) 않기 위한 12 스펙은 필수!

인생은 게임이다! 세상, 현실, 또라이분들에게
지지(당하지) 않기 위한 12 스펙은 필수!

## 01

### 인생은 게임이다! 자존감 게임!

#### 첫 번째 게임 : 방탄자존감1

방탄카피사전

**상처 케어**

아픈 만큼 성숙해진다? 아프면 환자다!
아픈 것을 극복할 때 성숙해진다.
4차 산업시대에 맞는 4차 힐링, 위로, 격려
4차 자존감은 방탄자존감

## 02

### 인생은 게임이다! 자존감 게임!

#### 두 번째 게임 : 방탄자존감2

방탄자존감명언

**자존감케어**

4차 산업시대에 맞는
4차 자존감인 방탄자존감으로 업데이트
방탄자존감은 선택이 아닌 필수!

인생은 게임이다! 세상, 현실, 또라이분들에게
지지(당하지) 않기 위한 12 스펙은 필수!

## 인생은 게임이다! 자존감 게임!

### 첫 번째 게임 : 방탄자존감3

NAVER 방탄자존감명언

자존감케어

방탄자존감은 행복, 사랑, 돈, 인간관계, 인생, 꿈 등
이루고 싶은 것을 마법처럼 바꿔준다.
방탄자존감에 답이 있다!

## 인생은 게임이다! 자존감 게임!

### 네 번째 게임 : 방탄멘탈

NAVER 방탄멘탈

멘탈 케어

4차 산업시대에 맞는 4차 멘탈로 업데이트!
4차 산업시대에 생기는
우울, 스트레스는 4차 멘탈 업데이트로
치유가 아닌 치료, 극복할 수 있다.

## 05

### 인생은 게임이다! 자존감 게임!

### 다섯 번째 게임 : 방탄습관

NAVER 방탄습관블록

**습관 케어**

당신이 그토록 찾고 있던 습관 공식!
습관도 레고 블록처럼 쉽고, 즐겁게 쌓자!
물리학계의 천재 아인슈타인
습관계 천재 습관 아인슈타인 최보규

## 06

### 인생은 게임이다! 자존감 게임!

### 여섯 번째 게임 : 방탄행복

NAVER 행복히어로

**행복 케어**

20,000명을 상담하면서 알게 된 사실!
당신이 행복하지 않는 이유 단언컨대
행복 학습, 연습, 훈련을 하지 않아서다.
행복도 스펙이다!

## 07

### 인생은 게임이다! 자존감 게임!

#### 일곱 번째 게임 : 방탄자기계발1

공군사관학교, 해군사관학교, 육군사관학교는 체계적인 시스템 속에서 군인정신 학습, 연습, 훈련을 통해 정예장교(군 리더, 군사 전문가)를 육성하는 학교라면 방탄자기계발 사관학교는 체계적인 시스템 속에서 나다운 자기계발 학습, 연습, 훈련을 통해 배움, 변화, 성장으로 끝나는 것이 아닌 자신 분야 삼성(진정성, 전문성, 신뢰성)을 올리고 자신 분야를 온, 온프라인 무인 시스템과 연결시켜 비수기 없는 지속적인 수입을 올릴 수 있는 시스템을 함께 만들어가는 학교

## 08

### 인생은 게임이다! 자존감 게임!

#### 여덟 번째 게임 : 방탄자기계발2

자기계발 케어

세상의 자기계발 못하는 사람은 없다.
다만 자기계발 잘하는 방법을 모를 뿐이다.
4차 산업시대에 맞는 4차 자기계발은
방탄자기계발

## 09

### 인생은 게임이다! 자존감 게임!

#### 아홉 번째 게임 : 방탄자기계발3

자기계발 케어

노오력 자기계발이 아닌
올바른 노력을 통한
자생능력(스스로 할 수 있는 능력)을 향상시켜
나다운 인생, 나다운 행복을 만들 수 있다.

## 10

### 인생은 게임이다! 자존감 게임!

#### 열 번째 게임 : 방탄자기계발4

자기계발 케어

자기계발도 시스템 안에서 해야지 자생능력이 생겨 오래
지속된다. 이제는 자기계발도 즐겁게, 쉽게, 함께
자기계발 사관학교에서 코칭 받고 150년 관리받자.

## 인생은 게임이다! 자존감 게임!

### 11

### 열한 번째 게임 : 방탄강사

**NAVER** 나다운강사1

방탄강사 케어

강사는 누구나 한다!
나다운 강사는 누구도 될 수 없다.
나다운 강사만
강사 직업을 100년 한다!

## 인생은 게임이다! 자존감 게임!

### 12

### 열두 번째 게임 : 방탄강의

**NAVER** 나다운강사2

방탄강의 케어

세상의 강의 못하는 사람은 없다.
다만 강의 잘하는
방법을 모를 뿐이다.
2021 ~ 2150년 강의 트렌드

# ○ △ □
# 인 △생은게임
# 자 존 감 게 임

하루가 멀다 하고 자신 행복을 위협하는

세상, 현실, 사람들로부터

나다운 행복을 지키기 위한 게임입니다!

게임을 시작하고 싶다면 상담받으세요!

오징어 게임은 탈락이 있지만 자존감 게임은 탈락이 없습니다!
시작하면 150년 a/s, 관리, 피드백 **(150년 깐부)**
우주 최고 책임감으로 자기계발 주치의가 되어 드립니다.

## Thank-you

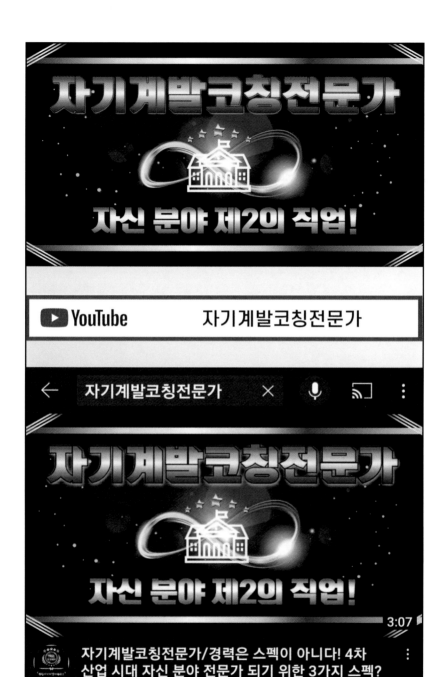

결혼식 하루에 집착하지 말고
결혼 생활 100년에 집중하자!

▶ YouTube　　　부부13계명창시자

← 부부13계명창시자　　　✕　🎤　🔲　⋮

결혼식 하루에 집착하지 말고
결혼 생활 100년에 집중하자!

2:14

부부13계명 창시자 결혼식 하루 결혼 생활 100년　⋮
방탄자기계발최보규

지금 인생, 내 분야, 변화하고 싶은데?
계기를 만들고 싶은데?
지금 이대로는 안되겠다고 생각만 하시죠?

지금처럼 살면 안 되는데...
지금부터 살아야 되는데...
때를 기다리면 안 되는데...
때를 만들어 가고 싶은데...

당신의 **자기계발 습관** 은
어떤가요?

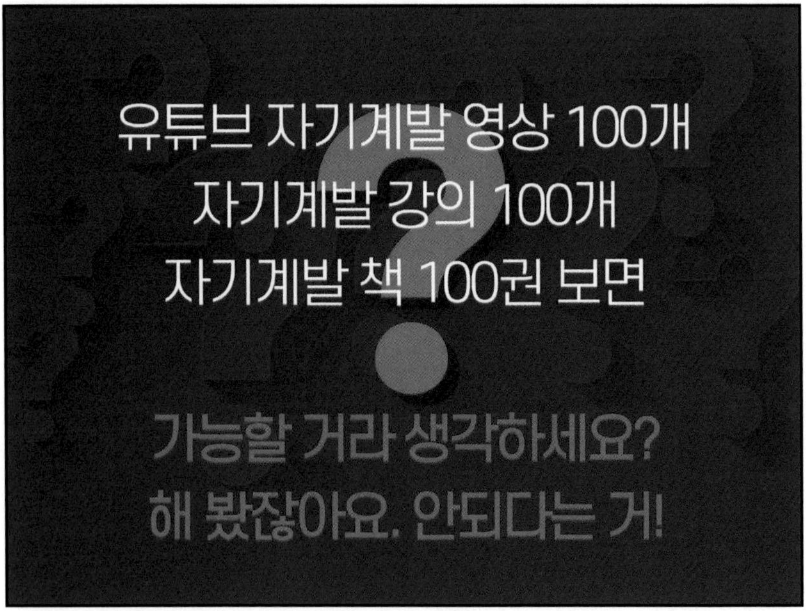

유튜브 자기계발 영상 100개
자기계발 강의 100개
자기계발 책 100권 보면

가능할 거라 생각하세요?
해 봤잖아요. 안되다는 거!

인생을 바꾸는 **방.탄.자.기.계.발.습.관**

**기초**부터 ———————————————

자생능력: 스스로 할 수 있는 능력 ————— **자생능력**이
생길 때까지

# 학습·연습·훈련

# 방탄자기계발

1:1 코칭
한번 코칭, 회원제로
무한반복 학습·연습·훈련

세계 최초 150년 a/s, 피드백, 관리 시스템!

빠른 상담, 선택이 곧 변화, 성장, 실력 차이!

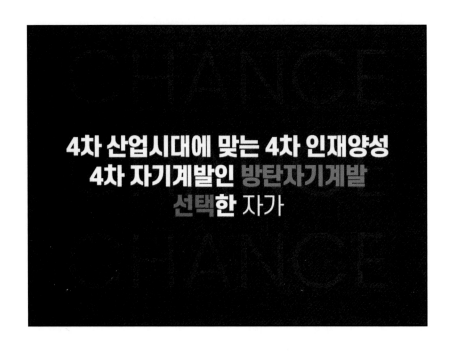

나다운 인생으로 바꾸는
방탄자기계발 습관으로
바꾸고
**싶다면**

**자기계발아마존에서 방탄자기계발
영상시청, 1:1 코칭이 답이다!**

**차별화가 아닌** 초월 방탄자기계발 학습, 연습, 훈련

우주 최강 책임감!
'세계 최초' 150년 a/s, 피드백, 관리 시스템
인스턴트 인연이 아닌 손 뻗으면 닿는
몸, 머리, 마음 케어를 해주는 주치의가 되어 드립니다.

**강한 사람, 우수한 사람이 살아남는 게 아니다.
시대에 맞게 변화하는 사람만 살아남는다.**

강한 사람, 우수한 사람이 살아남는 게 아니다.
시대에 맞게 변화하는 사람만 살아남는다.

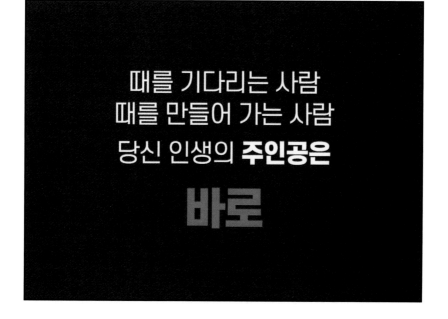

때를 기다리는 사람
때를 만들어 가는 사람
당신 인생의 **주인공은**

바로

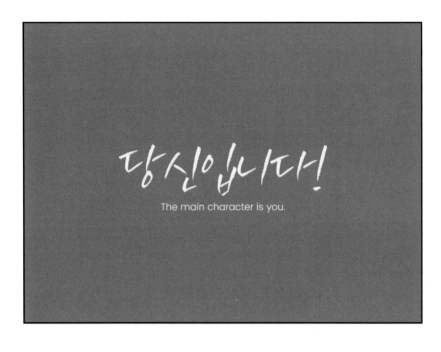

The main character is you.

CKOI
BO
KYU

"어제보다 나은
사람이 되자!"

방탄자기계발 창시자
**최보규 원장**
**010-6578-8295**
nice5889@naver.com

비교해라?
어제의 나와 끊임없이 비교해라

# [어제의 나와 비:교]

비교는 사람의 자연스러운 심리다.
부정의 비교보다는 긍정의 비교로 어제보다 0.1% 학습, 연습, 훈련으로
어제보다 나은 사람이 된다.

출처: 방탄자기계발사전

SNS 시대 끊임없는 부정의 비교로
상대적 불행, 상대적 불만, 상대적 우울감……

그래도 나는 괜찮은 사람인데....
잘하는 건 없지만 못하는 것도 없다는 태도로 사는데...

SNS 속 쇼윈도 행복을 보고
비교하는 나를 보면 자신, 내 분야 자존감, 자신감이 낮아진다...

그래서, 스스로 이런 말들을 되뇌인다

나도 저 사람만큼
열심히 하고 싶은데...

왜 저 사람만큼 못하는지
열등감, 자격지심이 올라온다...

난 행복할 수 있을까?
내 분야에서 잘 할 수 있을까?
이생마!
이번 생은 망했나?

# 그렇지 않습니다!

## 100년을 살아도
## 오늘은 누구나 처음
## 내일은 그 누구도 모릅니다!

살아온 날로
살아갈 날 단정 짓지 말자!

누구든지 처음부터

잘하는 사람은

# 없습니다

우리는 각자 자기만의

속도가(나다움) 있습니다

결승점에 빠르게 혹은

느리게 도착할 수도 있습니다

타인과 자신을

**비교**하지 않고

**어제**의 **나와** 비교하자

노력이 **배신하는 시대**

노오력이 아닌

**올바른 노력**으로

자기만의 **속도로**

천천히 그리고

# 꾸 준 히

나아가다 보면 원하는 지점에 도착할 수 있습니다!

토닥! 토닥!
힘내세요!
다시 해 봅시다!

잘하지 않아도 괜찮아!
부족하니까 사랑스럽지!
지금 잘하고 있는 거 알죠!

Google 자기계발아마존 🔍

자기계발아마존이 함께 하겠습니다!
150년 A/S, 피드백, 관리 시스템

# 출처, 참고서적

## 방탄자기계발 소개

『확신』 롭 무어, 다산북스, 2021

## 5장 방탄자기계발

<참사람, 오스틀로이드 부족의 이야기> 유튜브 <열정에기름붓기>

『나다운 강사1』 최보규, 좋은땅, 2019

『나다운 강사2』 최보규, 좋은땅, 2019

『왓칭』 김상운, 정신세계사, 2011

# 자기계발코칭전문가 5

발 행 | 2022년 09월 07일

저 자 | 최보규

펴낸이 | 한건희

펴낸곳 | 주식회사 부크크

출판사등록 | 2014.07.15.(제2014-16호)

주 소 | 서울특별시 금천구 가산디지털1로 119 SK트윈타워 A동 305호

전 화 | 1670-8316

이메일 | info@bookk.co.kr

ISBN | 979-11-372-9437-0

www.bookk.co.kr